知识生产的原创基地　
BASE FOR ORIGINAL CREATIVE CONTENT　颉腾科技
　　　　　　　　　　　　　　　　　　　JIE TENG TECHNOLOGY

闫辉◎编

关键对话
程序员创富

北京理工大学出版社
BEIJING INSTITUTE OF TECHNOLOGY PRESS

版权专有　侵权必究

图书在版编目（CIP）数据

关键对话：程序员创富 / 闫辉编. —北京：北京理工大学出版社, 2023.6
　　ISBN 978-7-5763-2518-8

Ⅰ. ①关⋯　Ⅱ. ①闫⋯　Ⅲ. ①程序设计－工程技术人员－职业选择　Ⅳ. ①C913.2

中国国家版本馆CIP数据核字（2023）第113720号

出版发行 / 北京理工大学出版社有限责任公司	
社　　址 / 北京市海淀区中关村南大街5号	
邮　　编 / 100081	
电　　话 /（010）68914775（总编室）	
（010）82562903（教材售后服务热线）	
（010）68944723（其他图书服务热线）	
网　　址 / http：//www.bitpress.com.cn	
经　　销 / 全国各地新华书店	
印　　刷 / 石家庄艺博阅印刷有限公司	
开　　本 / 640毫米×910毫米　1/16	
印　　张 / 17.5	责任编辑 / 李慧智
字　　数 / 259千字	文案编辑 / 李慧智
版　　次 / 2023年6月第1版　2023年6月第1次印刷	责任校对 / 周瑞红
定　　价 / 79.00元	责任印制 / 施胜娟

图书出现印装质量问题，请拨打售后服务热线，本社负责调换

54位关键对话嘉宾
重磅推荐

排名不分先后

闫辉
CSDN 战略合作总监
开发者研究院院长

李笑来
天使投资人
教师、作家

程浩
远望资本创始合伙人
迅雷创始人

康录发
方创资本合伙人
持续创业者

陈顺利
葫芦笔记创始人
"90后"程序员、连续创业者

刘昊臻
Eolink 创始人兼 CEO

殷建松
校园 VC 创始合伙人
创业布道师、天使投资人

叶忻
硅谷投资人

王若愚
Workstream 联合创始人

明方全
Saltalk 创始人兼 CEO

桂曙光
京北投资创始合伙人

张虎
微智云科技 CEO

July
七月在线创始人兼 CEO
CSDN 2 000 万博客博主

James
咕泡教育联合创始人兼 CEO

小孟
CSDN 博客专家

李佳芮
句子互动创始人兼 CEO

欧阳小敏
华为 HWA 大数据顾问
Weiit 开源项目作者

宋可为
北京初心使命软件有限公司总经理
中国开源软件推进联盟副秘书长

余波
创新谷暨追梦者基金
联合创始人

刘秋杉
无界版图首席研究员
兼 AI 艺术负责人

王浩
北京数原数字化城市研
究中心高级算法工程师

杜欢
Authing 技术 VP

王安
DCloud 公司创始人

杨攀
TDengine 涛思数据开
发者关系 VP

谭晓生
北京赛博英杰科技
有限公司创始人

蒋烁淼
观测云创始人兼 CEO

徐毅
华为云 DTSE
华为云开发者联盟技术布道师

Michael Yuan
Second State 创始人
WasmEdge 发起人

翟佳
StreamNative
联合创始人

林兴陆
FogWorks
联合发起人

焦霖楠
互联网产品专家

邵元胜
坚果资本合伙人

张大磊
北京鹰瞳科技发展股份
有限公司（Airdoc）创始人

林俊旸
阿里巴巴达摩院智能计算
实验室高级算法专家

牛亚运
CSDN Top1 博主
AI 领域百万粉丝博主

谢成鸿
LAYABOX（北京蓝亚盒子科
技有限公司）董事长兼 CEO

孙伟
珠海普罗米修斯视觉
技术有限公司董事长

陈浩翔
CSDN 博客技术专家

何波
中泰证券股份有限公司金融科技
委员会主任兼科技研发部总经理

汤韬
独立开发者

量化橙
量化资管从业者
CSDN 社区博主

许向武
资深数据处理专家

周贺贺
资深安全架构专家

安晓辉
职业规划师

阿德
PMCAFF 产品经理社区 CEO
云队友远程工作创始人

西门良
前美国亚马逊全栈工程师
Upwork 全职远程工程师

杜仲
杭州健信科技有限公司
（Joyone）创始人兼 CEO

茜茜
谷歌软件开发工程师

一只白
Waymo
软件开发工程师

大表姐
Cocos 引擎生态总监

范凯
医疗互联网公司 CTO

周秋野
数美科技副总裁

王学湛
北京惠众志远管理咨询
有限公司首席教练

王旭
蚂蚁集团容器基础设施团队负责人
Kata Containers 项目联合发起人

推荐序（一）

尊敬的读者，大家好！

我是360的创始人周鸿祎，非常高兴为大家介绍《关键对话：程序员创富》一书。

作为一个老程序员，我深深感受到程序员这一职业的伟大。如果说，格子衬衫征服了程序员，而程序员征服的是未来数字世界。未来数字世界架构在软件之上，本质是软件定义一切，而在软件的背后，程序员是最大的构筑者，他们用千千万万的代码构筑了我们生存的整个世界。改变世界的不只有超级英雄，还有程序员。

同时，作为一个程序员出身的连续创业者，我也深知程序员创业的不易。创业不仅需要好的技术，而且还需要找到合适的用户需求和场景。我相信只要做到产品驱动、用户至上，坚守长期主义信念，就能找到打开成功之门的钥匙。

本书的编者是一位资深的互联网从业者，在他与众多嘉宾的对话中，将向大家展示如何在科技行业中找到机会，如何抓住机会，如何利用机会创造财富。其中的某些观点可能带给大家一些启发、鼓励和指引。

同时，本书中的这些对话涵盖了程序员成长、程序员创业等关键话题。通过这些对话，程序员可以更好地了解科技行业的商业规则和商业机会，更好地掌握商业技能，更好地实现自己的创富梦想。

其中，我想和大家分享两点看法。

第一，不能拿着技术找场景，而是从场景出发，用技术去满足需求。技术人员手里都掌握有一门技术，但经常习惯于寻找技术能有用武之地的场景，就好比手里拿着榔头去找钉子，倒置了本末关系。正确的方法应该是，首先去寻找那些没有被很好满足的需求，再去寻找合适的技术去满足这样的需求。在创业当中，既要有前瞻性的思路，也不能少了落地场景的指向，不能变成炫技或者脱离实际的无意义研究。

第二，程序员创业不仅要善于和计算机打交道，还要善于跟人打交道。很多创业的程序员都是计算机高手，写起代码来都是得心应手，讲起技术来也能滔滔不绝，都是解决技术难题的"战斗英雄"。但是现如今技术已经发展到超出一个人的能力范围之外，必须需要团队的协作才能成功，所以创业者要从"战斗英雄"向"将军"转型，凝聚人，培养人，通过团队作战取得胜利。

当然，创业也离不开坚持和信念，无论做什么，一定要坚持，不要轻易放弃。我们需要坚持自己的理念和目标，不断追求突破和创新，才能取得成功。

我相信《关键对话：程序员创富》一书，将为广大程序员提供宝贵的经验和新的认知。

最后，我也要向程序员群体表示感谢，感谢你们对科技行业的热爱和支持。让我们一起努力，共同创造出更加美好的科技未来！

360集团创始人周鸿祎于北京
2023年4月

推荐序（二）

最早认识闫辉的时候，他和另外一个朋友在一个创业服务平台，后来知道他曾经是 CSDN 的总编。作为一个曾经的程序员和工程师，我一直对技术抱有浓厚的兴趣，认识不少有技术背景的创业者和企业家。在这个高速发展的时代，一个人是否能够实现自己的抱负并最终成功，往往受到天时、地利、人和等诸多因素的影响。在这些因素中，认知和运气尤为重要。努力可以提升认知，但成就需要运气。或许认知水平越高，好运气的概率越大。

闫辉的这本《关键对话：程序员创富》正是为了提升所有想要做一些事情的现任程序员和工程师的认知。这本书可以说是一个善行，因为认知的提升只有三个途径：自己实践和反思，和高手交流，读一本好书。

首先，自己实践和反思虽然很重要，但代价往往太大。在这个快节奏的社会里，时间是我们最宝贵的资源。时间一旦逝去，就再也无法挽回。而通过实践和反思来提升认知，很可能会耗费大量的时间。这不仅会让我们错过许多宝贵的机会，还可能使我们在面临困境时无法迅速调整和应对。

其次，和高手交流也是一种有效的提高认知的方式。然而对于很多普通人来说，这需要一定的运气。毕竟，能够与行业内的大师级人物接触和交流的机会，并不是人人都有的。此外，即使有运气碰到这样的机会，也需要我们具备足够的实力和背景，才能与高手展开深入的交流。

最后，读一本好书是相对最确定的提升认知的方法。通过阅读优秀的书籍，我们可以借鉴前人的经验和智慧，以最小的代价来提高自己的认知水平。

书中的知识不仅可以拓宽我们的视野，还能够激发我们的思考，帮助我们找到自己的成长之路。

《关键对话：程序员创富》一书汇集了众多成功的程序员和工程师的经验和教训，对于想要在技术领域取得成就的人来说，具有极高的指导价值。通过阅读这本书，我们可以了解到行业内的先进技术和理念，学到前人在创业过程中的成功之道和失败教训，进而为自己的职业生涯指明方向。

在这个信息爆炸的时代，优质的知识资源变得愈发珍贵。因此，我们应该珍惜这样的机会，通过阅读《关键对话：程序员创富》这样的好书，提升自己的认知，为自己的事业和人生铺设坚实的基石。当然，除了阅读之外，我们还需要不断地实践和反思，将所学知识融入自己的工作和生活中，以便更好地实现自己的抱负。

此外，我们还应该珍惜与同行的交流和合作机会，因为这也是促进认知提升的有效手段。我们可以通过参加行业会议、加入技术社区、建立个人网络等方式，与众多优秀的程序员和工程师互相学习、互相激励。同时，我们还需要保持谦逊和好奇心，不断地提问、探索，以便更好地吸收新知识、新技能。

在这个充满变革的时代，我们更应该关注自己的核心竞争力，寻找自己的独特价值所在，以便在激烈的竞争中脱颖而出。

如今的科技行业发展迅速，程序员需要具备创新精神，不断探索新技术、新产品、新模式，以抓住时代的机遇。这是因为，技术的更新换代速度很快，如果程序员不能持续不断地学习和探索，就会被时代淘汰。因此，技术人员需要时刻保持敏锐的观察力和学习能力，掌握最新的技术趋势和规律，不断创新并应用于实践中。

除了创新精神，程序员还需要具备数据思维。在科技行业中，数据是一项重要的资产，技术人员需要通过数据分析来指导产品迭代、用户运营和精细化管理等方面的工作。通过数据分析，程序员可以深入了解用户的需求和行为，从而为产品迭代提供指导方向，优化用户体验，提高用户满意度。同时，程序员还可以通过数据分析来制定精细化管理策略，提高企业的运营效率和盈利能力。

除了数据思维，程序员还需要具备业务理解能力。在科技行业中，技术和业务是密不可分的。技术人员需要深入了解客户的需求和痛点，提供合适的数据解决方案。技术人员需要积极参与业务讨论，了解业务流程和业务需求，从而提供更加精准的技术支持和服务。只有深入了解业务，技术人员才能更好地为客户提供解决方案，实现技术和业务的有机结合。

最后，我们还需要学会把握机遇，勇敢地迎接挑战。因为在这个变化莫测的世界里，我们很难预料到下一个机会或困境在何时、何地出现。只有具备敏锐的洞察力和果断的决策能力，我们才能在时机成熟时，抓住那些可以改变自己命运的关键机遇。

愿每一个读过《关键对话：程序员创富》的程序员和工程师，都能通过这本书的启示，找到自己的成功之道。同时，也期待更多的人通过阅读这本书，提升自己的认知，从而赢得未来的成功和幸福。祝大家好运！

易观国际集团创始人、董事长兼 CEO 于扬

本推荐序由 GPT 根据于扬的推荐要点进行扩展而成，其中，大家觉得有"人味"的部分都是本人亲笔创作的，其他部分则是来自硅基助手。

推荐序（三）

尊敬的读者，你们好，我是 CSDN 的创始人蒋涛，我在程序员这个领域编程、创业、投资有 30 年之久。我坚定认为未来 5~10 年是中国开发者的最好时代，我总结了我们即将迎来的三大红利：人人都是开发者，家家都是技术公司，中国万亿技术云大生态。

程序员是当今世界上最好的职业之一，财富的秘密是要学会应用杠杆，程序员创作的代码就是最好的杠杆。

代码复制没有成本，代码写成的软件能被亿万人使用。

过去的世界首富比尔·盖茨在哈佛读书时，写了个人电脑上第一个 Basic 解释程序，开启了他的商业程序创富人生。现在的世界首富马斯克 10 岁时，就开始使用 Commodore VIC-20 进行编程，并且以 500 美元的价格将自己的游戏代码卖给了一家 PC 杂志。

硅谷的创业者大多数是技术出身，因为现在是数字经济的时代，数字经济的底座是程序代码，掌握程序代码就掌握了杠杆。

如果你想从事程序员职业，并且想有一番成就，CSDN 出品的《关键对话：程序员创富》这本书绝对值得你一读。

本书内容来自 CSDN 出品的开谈对话栏目，汇集了许多类型的程序员，包括创业公司创始人、开源社区的领袖、资深程序员等，探讨了包括开发者成长、开发者创业、开源发展和技术趋势等各种方向，还分享了心得体会、成功经验以及对未来的展望。通过这些访谈，读者可以深入了解中国开发者创造和创富的现状和未来，为开发者的职业发展提供重要的榜样。

中国软件业起步晚，错过了个人软件的黄金时代。全球排名前 100 的软件公司，第一名是微软，第二名是 Adobe，都是做个人软件出身的，在发展的过程中积累了财富，先做个人的数字化，再转向企业的数字化，最终成为世界软件巨头。

但中国很可惜，连个人的数字化公司都没出来。再往后，中国就进入所谓的坏的市场时代。在小团队打市场的时代，市场不存在；到了企业级以后，软件不值钱，变成项目堆人力。

互联网和移动互联网带来了产品经理和运营的爆发时代。你可以看到，这些中国的大公司锻炼出来的技术能力是不输美国的。这背后的发展驱动力是全球开源大发展，全球程序员的智慧资产都可以拿来应用。

开源代码是数字经济发展的路和桥，全球的互联网公司都享受了这波红利，小团队也可以做出大成绩。举个典型的例子，Instagram 被以 10 亿美元收购的时候，公司才 5 个程序员，他们用到了 100 多个第三方的开源服务。美国的整个生态是一个比较好的闭环，有人提供技术基础能力，每个软件的功能都有一个独角兽企业提供 API（应用程序编程接口）赋能，其他人在这些技术基础能力上去做应用市场，做行业市场，做企业级市场。而这是过去中国软件市场最缺乏的。

现在开启了一个大机会，就是开源云原生。有统计显示，全球收入过 1 亿美元的开源产品公司，在 2013 年之前只有 4 家，但从 2013 年到 2022 年，已经变成 50 多家，增长了十几倍。它的模式就是用软件产品开源做市场，用云原生做交付。我认为这对中国来说是一个很大的机会。我认为开发者驱动的工具市场，中国现在是有机会去发展起来的。

另外一个更大的机会是 ChatGPT 带来的大模型。大模型时代，编程变得更加容易，用自然语言做提示词就可以生成代码模块。程序员离用户需求更近，更容易做出好的应用程序。

中国数字经济大发展需要企业变成精细化和数据化驱动经营，我们看到，程序员越来越重要，水平低的程序员写的代码手一潮，公司就少了几百万元收入。所以领导者必须重视技术，必须寻找懂业务的CTO，或者懂技术的产品VP。

中国程序员的单兵能力是超强的，我们有大量的例子证明中国程序员写代码的能力足够强。我们在移动互联网的成功经验证明组团队也是没有问题的。关键是市场和整个生态的构成还需要成长。

在这个数字化新时代，软件的重要性不言而喻。从汽车到医疗，从金融到电商，软件已经成为各行各业的灵魂。而程序员，作为软件开发的核心力量，其地位和价值也日益凸显。中国作为人口大国，也是程序员数量最多的国家之一，因此中国在开源创造和创富方面的潜力巨大。中国要想实现数字经济全球领先，必须成为全球开源创造的强国，而开源领域有句老话：得开发者得天下。

未来5年，中国开源的创造和创富将迎来爆炸性发展！中国开源会创造非常大的市场，中国也会在开源创造上提供更多的贡献。中国开源正处在一个前所未有的机遇期，而开源开发者则是推动中国开源腾飞的重要力量。

但要想让中国成为全球开源创造的强国，还需要更多"新程序员"，新程序员不仅要拥有扎实的技术功底，还应该具备广阔的视野和开放的心态，能够全面拥抱开源文化，并积极参与到开源项目中。

二十大提出的数字中国的宏伟目标，使得中国正进入开发者红利时代，前所未有的机遇摆在面前。为此，CSDN出品了《关键对话：程序员创富》一书，从中国开源和程序员的角度出发，展示了数字时代的机遇和挑战，提供了帮助程序员和开源创业者成功的思路和策略。

当然，在这个大时代，程序员的技术栈也会随之发生变化。本书中也提到了一些AI（人工智能）时代的技术趋势和发展方向。随着GPT应用的爆发式发展，大多数软件、开发工具和工作流程都会重构。这是AI的"大航海时代"，必须建立新规则，以便有人获益，而有人不受损失。在这个新时代，人人都能成为开发者，成为"新程序员"为时不晚。

《关键对话：程序员创富》一书就是为了帮助程序员更好地适应新时代的变化，帮助程序员提高认知，掌握最新的技术和工具，开创自己的事业和财富。它不仅对程序员的发展有很大的启发和指导作用,而且对中国开源行业的发展有着非常重要的意义。它让我们看到了未来五年中国开源的创造和创富将迎来爆炸性的发展。让我们在这个新时代中能够更好地抓住机遇,成为新时代的先锋和英雄。

  人人都是开发者,家家都是技术公司,中国万亿技术云大生态。希望所有程序员都可以在这个开发者产业带来的三大红利浪潮中创富!

CSDN 创始人、董事长
极客帮创投创始合伙人
中国开源软件推进联盟副主席
CCF 开源发展委员会执行委员
蒋涛

前言

当我 2000 年加入 CSDN 时，正好碰上了《程序员》杂志的出版。作为一名记者，我采访了当时的许多 IT 名人，选择采访程序员出身的管理者和创业者，从技术和商业的角度来看待程序员的成长。我采访了李开复、李彦宏、雷军、周鸿祎、王志东等人，询问他们如何看待自己从程序员到管理者或创业者的成长历程，以及对技术趋势的判断。此后，我在 CSDN 工作，不断地学习技术。因此，我的朋友们称我为"记者圈中最懂技术、技术圈中最懂采访"的复合型人才。

2003 年，我曾参与编辑《共享软件创富》这本书，介绍了当时共享软件走向海外的各种创业案例以及如何操作。后来，我遇到了很多创业者，他们都还记得这本书，甚至有些人说是因为这本书让他们看到了海外的软件市场并赚到了财富。

2013 年，我看到很多创业项目很难找到技术合伙人的痛点，加上我在 CSDN 工作积累的技术人脉，我创办了找创业合伙人的社区缘创派，开始了自己的创业之路。我除了写一部分前端代码之外，还兼任产品运营推广等职务。由于恰逢创业热潮时期，这个项目也获得了很多知名投资机构和投资人的投资。虽然后来项目因为没有找到盈利方向而失败，但对我个人来说，这是一个获益匪浅的经历。

20 多年来，我一直致力于围绕程序员这个群体，从非技术学习角度关注程序员的成长。2022 年，CSDN 举办了 1024 程序员节，因疫情原因只能在线上举办。CSDN 创始人蒋涛交给我一个任务，邀请不同的嘉宾进行线上对话，围绕《程序员创富》这个话题连续四天进行讨论。我策划了"出海创富""开源创富""创作创富""创业创富"四个议题，邀请了 12 位嘉宾进行线上对话，取得了很好的反响。

在对话中，迅雷联合创始人程浩提出了一个观点：一个人提升认知最快的方式是与不同领域的专家对话交流。他举了美团创始人王兴的例子，提到王兴经常邀请不同领域的专家交流，交换观点。这句话让我很受启发。由于我的媒体背景和多年的人脉积累，结合线上会议的方便，我可以不断邀请不同的嘉宾进行对话，将他们的认知传递给更多的程序员，帮助他们提升认知。

由于媒体背景和多年的人脉积累，再加上线上会议的便利，我开始思考如何不断邀请不同的嘉宾就不同议题进行对话，从嘉宾的言论中为程序员听众带来启发，提升他们的认知水平。因此，我组织了二十多场对话，涉及程序员成长、程序员创业、技术趋势、行业趋势等多个方向。通过这些对话，我从不同嘉宾的发言中得到了很多启发和认知提升。但是，要让每个人都耐心听完整场对话很不现实，因此我花费很长时间整理对话内容，撰写了本书。

本书收录了 50 多位嘉宾的对话内容，这些嘉宾的职业生涯中总结的经验和见解能够带给程序员某些启发和思考。虽然你可能没有机会与这些嘉宾单独对话，但通过本书，你可以听到他们的声音，了解他们的思路和成长经历。

作为陪伴程序员成长 20 多年的 CSDN，我们一直关注着程序员的职业发展和创富能力。目前全国拥有上千万的开发者，而 CSDN 拥有超过 3 000 万的注册用户。虽然许多人只是埋头做码农，但众多成功的程序员出身的创业者和管理者其实都是抬头看路的人。我们希望通过《程序员创富》的系列对话，将这些程序员出身的嘉宾的认知传递给更多的程序员。只要其中几个嘉宾的几句话对大家有所启发，或许就能带动整个 IT 行业的进步，在创造更多社会价值的同时也能让个人获得更多财富。

在此，我想向所有支持我的人表示最真挚的感谢。首先要感谢的是CSDN给我提供的平台，让我有机会将自己的想法和经验分享给更广泛的读者群体。感谢公司的各位领导对我的信任和支持，让我有机会将这本书带给读者。在编写这本书的过程中，我得到了来自内容生态的各位同事的帮助和支持，他们的专业知识和经验使得这本书更加完整和实用。同时，还要感谢所有参与直播的同学。最后，我要向所有读者表达我的感激之情。我希望这本书能够为你们带去实用的知识和启发，帮助你们在学习和实践的道路上更进一步。再次感谢大家的支持和鼓励，没有你们的帮助，这本书不可能完成。

CSDN 战略合作总监
开发者研究院院长
闫辉

目录

对话 1 部分：程序员创业创富

投资人谈程序员如何创业创富　　/ 002

关键对话

用于生产的生产资料越抽象，利润越高。程序员职业最接近这个年代最重要的生产资料——数据。如果程序员不赚钱，天理难容。

现在世界上最有价值的都是科技公司，程序员先天离这些公司的核心价值最近。

管理不是鲜明的 0 和 1 的代码问题，而是模糊数学、模糊算法，建模很难。

世界上没有一个专门供程序员捞钱的地方，大家进入的是同一个市场，在同一个世界，所以商业模式的本质很难发生变化。

"90 后"程序员如何创业创富　　/ 019

关键对话

创业者在任何社会的群体中都是少数派，肯定不到 1%。

我给学生的建议是：要有做 10 个项目的准备，每个项目都要发布出来，看市场的反应。

传统教育制度实际上是不鼓励创业的，中国人一生都在为考试而准备。考试很明确，考过就能上岗。但创业是不明确的，连个考卷都没有，就算发下了一张考卷，也是空白考卷，自己出题。

创业不可能一上来就被人认可，只有做出成绩，大家才会认可，更多时候是要承受痛苦和否定。

创业者是需要有反骨的，血液中要有反叛精神。

如果让我重新创业，方向永远是我第一考虑的。

创业不是要开个公司，而是要把自己经营好。

华人程序员如何在硅谷创业创富　　/ 031

关键对话

没有愿景的时候，其实是不知道如何构建团队的。愿景不够大，根本吸引不来高级人才，也不需要高级别的人才。

融资的过程实际上是拓展人脉和圈子最佳的方式，因为有很强的立场，有更多的人愿意来跟你聊。

北美 VC 对于华人创业者的接受度是很高的，因为华人很勤奋，技术能力又很强，做事的干劲又很大，又很想做成功，一点都不佛系。

在中国创业，如果产品逻辑和技术不能营造流量优势，几乎不可能做下去。

刚开始最好不要花钱推广，因为一旦花钱你就无法判断你做的产品是对的还是错的，有可能让你迷失，花钱获取的用户其实不是最好的客户。

只有找到了一个可以倍增的方法，在这个基础上砸钱才会有显著的效果。

在中国验证的 toC 打法，在美国也很管用，中国的竞争环境锻炼出来了非常好的运营团队。

很多人说是因为汇率的差异，在中国招程序员便宜，我认为更重要的是国内工程师见过很多不一样的场景。

程序员创业如何避免踩坑　　/ 044

关键对话

失败是成功之母，成功是成功之父。操作层面，多看别人失败的做法，底层逻辑上要多看其他公司是如何成功的。

很多时候最厉害的技术不一定是最广泛得到应用的技术，只要拿出可靠的技术抓住市场，能服务用户就可以。

判断真需求和伪需求，第一是从人性角度看，有没有违背人性；第二就是客户愿不愿意付费。

作为技术创业者，也可以学会思考新技术与现在的各种场景结合，会产生什么新的变革。

技术创业者容易掉进的坑有两个：一个是比较固执的思维模式，一个是比较唯技术论。

招人要慢，开人要快，这对创业者是伤害最小的做法。

创业者如何做程序员培训创富　　/ 056

关键对话

使命、愿景、价值观，并不是说给其他人的，而是说给自己的，因为你会遇到大大小小的各种问题，让你心累心碎，但要一直坚持向前走，就需要有意义和理由。

培训本质是为了解决学习效率的问题。只要能实现用户目标，提高学习效率和效果，不管在线还是线下，都是好机构。

到了第八年，感觉创业这件事情没有让自己陷进去，能对家庭、生活有一定的兼顾也不错了。

经历周期会让你平静地看各种变化。

讲课其实也是一种产品，而且这个产品让用户感觉有价值也是很难的。

未来的培训不是 1 对 N，而可能是 N 对 1 的。

对话 2 部分：技术趋势创富

程序员如何在开源浪潮中创富　　/ 068

关键对话

开源能让全球范围的人一起去协作，他们属于不同时区、不同文化、不同背景，但可以为了同一个目标、不计回报地共同做一件事儿。

不同的人可以利用开源，去实现自己的梦想和理念，不管服务用户还是商业化，还是为国家去构建基础的软件。

创业过程中，赚钱是手段，而不是目标。如果把创业赚钱作为目标，大概率创业是赚不到钱的。

质疑也是特别有价值的，因为背后可能是真正的需求，是潜在的客户。

开源能够在商业层面快速去获取订单，带来裂变增长，同时获取用户反馈。用户反馈可以带来商业正循环，最后通过云服务完成一键部署。

开源和商业化相辅相成。开源可以促进商业化，商业化可以反哺开源。但无论开源还是商业化，都不是我们的目标，只是途径。

开源一定能带来个人非常大的成长，让人持续学习、保持好奇，这样大家也不用担心所谓的 35 岁危机了。

程序员如何在 AIGC 浪潮中创富　　　／ 077

关键对话

AIGC 时代和移动互联网浪潮刚起来的时候比较像，一两个程序员就能干，并且能赚不少钱，这是新一波机会。

AIGC 解放了图片的生产力之后，能改变生活中的很多场景。

AIGC 时代，我们看到了一个在中国能光明正大创业同时又可以摆脱巨头阴霾的机会。

程序员没有必要从头搞生态。成熟的生态，只要有开放的平台接口，程序员都可以利用先天优势搞一下，这属于成本低并有正向激励的机会。

技术一定会带来认知差，有认知差就有机会。

程序员群体转行的机会其实不多。但每次技术的诞生，都会带来转行机会。抓住机会对个人来讲就是质的飞跃。

开发者工具与程序员创富　　　／ 090

关键对话

国外的开发者生态非常喜欢做标准，但国内很多不同的企业做集成的时候，每个系统的对接都有自己的标准。让我们经常生出"开发者何苦为难开发者"的感觉。

协作生产力工具对于企业来讲，可以变成收费的核心点。

国内还没有形成这样的文化，企业之间不讲求协作，国内的企业家没有经历过这样的迭代，可能还需要一两代企业家才会悟到这个道理。

做开发者运营生态，国内和国外最大的区别就是，国外有一套最佳实践。

中国的生态好像在黑暗森林里，大家都在防着上下左右到自己的领域里面来，有这样的心态，很难让大家开放。

经济转好，大家也会思考要不要招那么多人，如果招人，就需要找专业的厂商提供专业的服务。

国外的产品进入中国没有什么机会。从商业化角度，做非常大的本土化适配，无论产品还是商业模式，都很难落地。

云原生与程序员创富　　　　／ 101

关键对话

云原生本质还是商业上能够用更低的价值为用户提供更好的服务，也是获得竞争优势、降低成本、提高灵活性的需求驱动的。

我们不应该拥抱过去，而应该拥抱未来，以及各种积极的技术和趋势。

这个世界是很残忍的，如果不能跟上技术趋势，就会被淘汰。我每天花大量时间在看代码，因为我需要了解最新的思想，有了思想才能指导公司的发展。

有培训机构卖课程，传递了一个错误的概念，就是把运维岗位的价值降低了。我们看国外的系统工程师，通常他们的薪水比业务工程师要高。

做一个优秀的程序员，基础最重要，因为基础不牢，地动山摇。计算机行业的历史，永远就是新瓶装旧酒。

对于云原生，程序员需要理解这只是编程模型的改变，依然没有挑战 30 年前学习的计算基础原理。

在硅谷如何做开源创富　　　　／ 112

关键对话

开源模式非常有优势的一点是：不需要销售，不需要找到客户，因为对方是开发者，都自己搞好了，对方打电话过来就是为了给你付费，因为对方不能在没有技术支持的情况下上线。

很多好的开源项目一开始并不是从商业化角度来思考的。很多时候就是发起人要解决自己的一个问题。

如果你的受众不是开发者，其实不需要开源。我们看到很多 SaaS 软件都不开源，因为没有必要，受众不是开发者。

软件可以很复杂，但上手一定要很简单。

硅谷的开发者赚钱多，你给他解决一点问题，他都有相对强的付费意愿。

CIO 或者 CTO 不会在真空中决策，他们肯定受开发人员影响。

如果自己有开源软件作品，这比什么都有用，因为别人可以直接看到你的工作成果。

对话 3 部分：行业趋势创富

程序员如何出海创富   / 126

关键对话

出海面对的客户付费能力比国内强，但产品要求比国内低很多。所以，我认为这块还是有很明显的红利。

如果现在你在大厂有出海的项目，一定要积极参与。虽然，我们也看到很多出海项目会夭折，但是对个人程序员来说，这是一个最好的积累经验的办法。

出海可能第一件事就是要有一个好的心态，把它变成是一种学习过程，这种心态更容易帮助我们成功。

如果中国工程师能够叠加技术经验加行业经验，对海外企业来说是非常具有性价比的。

出海大品类下面有很多个小品类，每个小品类都是一个比较封闭的圈子。例如，做跨境电商和做软件出海的肯定不是一帮人。所以首先还是要想清楚自己属于哪个圈子，然后有针对性地加入这个圈子。

出海在历史中是很小的一个浪花，但对于我们这个时代的程序员来说，它应该是一个巨浪，我们应该在巨浪上去领略一下。

AI 如何与细分行业结合创富   / 143

关键对话

很多患者到专业医生那里，不仅仅想知道自己得了什么病，应该如何治疗，很多时候寻求的是安慰关怀，有很多心理需求，涉及深层次的智慧和意识。

总体策略还是为了解决问题而选择各种技术，做得越重，C 端用户的体验就越好。

用技术找场景，就像拿着锤子到处找钉子一样，这也很难避免。

AI 技术在很多行业之所以用不起来，算法是一个关键点，但更主流、更困难的是数据质量差。

软件更像一个催化剂，而不是反应的组成部分。它并没有改变化学方程式。

到底改变这个世界的是 AI 还是数据？我个人的感觉是数据比 AI 对世界的改变要大。

程序员如何在元宇宙行业中创富　　　／ 155

关键对话

人类对客观世界的刻画走到最高阶段，就是体积视频。

如果能够做到 4K，视频将变得沉浸式，从而颠覆现有的视频标准。

现在的元宇宙还处于手工阶段，都是用代码垒起来的，生产力很低。因此需要更高级的生产力工具，能够高效、自动化地创造元宇宙，甚至低代码和无代码。

因为大脑本质上是信号刺激满足感的，所以虚拟体验可以给人们带来与真实世界同样的满足感。这对于那些没有物质财富享受的人来说，元宇宙可能是一个非常有价值的选择。

程序员如何在量化交易行业中创富　　　／ 165

关键对话

中国人工智能的应用会比美国广泛很多。在美国量化投资中，人工智能的占比只有 5%，挺低的。美国是一代代传承下来的套利，但中国大量的对冲基金都把深度学习作为重点。

量化交易也不是银弹。具体到一个量化策略上，就是一个个投资思想的总结。不是说量化一定赚钱。

股票行情就是数据，都是一些信号，与互联网处理数据很类似。大多数人都是通过历史数据找出一些隐藏规律，然后做出预测并下单的。

程序员入门不要去开发自己的量化交易平台，而是要利用第三方的量化平台快速入门，并学习交易策略。

对话 4 部分：程序员成长创富

程序员如何通过创作创富 / 180

关键对话

分享带来的成就感，被认可和被点赞是写作最大的快乐。

程序员通常比较内向，在博客上可以畅所欲言，但在现实中不是很善于交际。对于这类程序员来说，写作本身就是一种社交方式。

每一种收入都附带了不同的意义。当你有多种收入来源的时候，就有了多种意义。

通过创作赚钱，是很光荣的，谈钱不可耻。所有的创作都是可以创富的，这个意义也是自己赋予的。

优秀的程序员很容易成为优秀的技术文章作者，因为他们具备原创性、逻辑性和实用性这三个方面的特点。

程序员如何通过远程工作创富 / 193

关键对话

程序员和设计师这两类人群，应该是除了翻译之外最多的两种远程工作。

远程工作的便捷性是有的，最大的问题还是甲方的不专业。大家不会定义需求，不会布置工作。

产品经理是核心成员，而开发不是核心成员。产品经理对于一个项目成功交付的重要性超过 50%。

赚钱的能力与你能够输出的价值基本上是成正比的。

老程序员的好处不仅仅是代码写得稳健，而且还会兼顾一部分产品经理的价值。

几个月时间就在 Upwork 上赚了 13 000 多美元。除了国企的福利和工作薪资，相当于多了一笔很大的收入。

女程序员的程序人生与成长　　　　　　／208

关键对话

美国这边还好,不管招聘还是其他,都会强调多样性。公司会要求招聘一定比例和数量的女生,所以不会对女性有歧视。

你越往一个高的平台走,遇到的越是心态更加开放、更加包容的人。

我们国内大家被训练的是,要不停地努力,成为一个优秀的人,但很少被要求成为一个内心圆满的人。我觉得这也是国内教育的一个缺失。

程序员是一个比较看经验积累的职业,刚入行的时候,确实会需要花费更多时间加班加点地学习。

做项目的时候,一定要把需求想清楚,否则对程序员伤害非常大。

程序员如何转向管理者创富　　　　　　／221

关键对话

如果一个程序员想要转向管理,技术能力肯定是最重要的。如果你没有足够的技术能力,机会就不会出现。

研发人员通常的思维方式是非黑即白,要么对,要么错。但是,管理要的是灰度,没有绝对的对或错,问题是模糊的。

做事,需要有突出的长处,追求出类拔萃,尊重客观规律。但做人则需要情商,不能有明显的短处,追求融洽合群,理解人性并尊重个性。

大约 2/3 的程序员在被提拔到管理岗位时,面临的第一个也是最大的障碍是放权问题。

基层管理者写程序是他最熟悉的,而且总认为别人写得不如他,所以会感觉其他人效率低,很容易越俎代庖。

创富并不是只有做管理才能实现,不管钻研技术成为首席架构师,还是走管理路线做到 CTO 甚至 CEO,或者做行业专家做咨询,只要成为某个领域的金字塔尖,就具备了稀缺性。

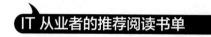

关键对话

我发现身边越来越多的朋友开始写书，这是一个非常有趣的趋势。

阅读之后，最重要的是阅读量带来多少思考量，思考量又能带来多少行动量，行动量最终带来多少改变量。

我认为看书不仅是为了眼前所需，更是一种重要但不紧急的事情。

很多人认为自律就是做让自己痛苦的事情，但并不是这样，你一定要和自己和解，不要把压力搞得很大。

官方文档是最好的学习来源，因为很多开发者的问题都可以在官方文档中找到答案。

很多事情做决策的时候，只靠一个方法论是很难解决问题的，你需要很多方法论，而广泛的阅读能让你获得更多方法论。

1

对话 1 部分

程序员创业创富

投资人谈
程序员如何创业创富

关键对话 人物

李笑来	原新东方名师,著名天使投资人,区块链专家、连续跨界创业者。著有《把时间当作朋友》《自学是门手艺》《财富自由之路》等多本畅销书。
程　浩	远望资本创始合伙人、迅雷创始人,中国互联网行业最早的从业者和开拓者之一,曾先后在硅谷和百度工作,2003 年联合创办迅雷,并于 2014 年在美国纳斯达克上市。在科技互联网领域拥有极高影响力,是国内人工智能和互联网创业领域的权威专家。
康录发	毕业于中国农业大学,喜欢读书、爬山、太极、徒步、喝茶。多年互联网、财务顾问、投资银行、对外汉语、程序开发从业经验,多次创业经验。2021 年,作为方创资本合伙人,陪同创业团队与 VC(风险投资人)现场交流数百场。作为五次创业的持续者,是与 1 000 个创业团队深入交流过的资深顾问。

关键对话内容

每个节日的诞生都是为了让人花钱,如"双十一"、情人节、圣诞节。但在1024程序员节,程序员最关心的不是花钱,而是赚钱。很多程序员觉得工作很辛苦,吃青春饭,是用生命来换金钱。但有些程序员就做得很好,所以,这里就来和几位投资人嘉宾探讨一下程序员距离创富有多远。

闫 辉 今天是《程序员创富》系列对话的第四期,话题是创业创富。今天非常有幸邀请到李笑来、程浩、康录发老师,和大家一起来交流程序员如何创业创富。我知道三位和程序员有很密切的关系,请大家介绍一下自己的编程经历和与程序员群体的联系。

李笑来 我是一个典型的小时候算是天才、大了长歪了的例子。1984年我就接触计算机,那时候十二三岁,学过Basic,也得过一些奖。但到了高中就没有继续深入学习计算机了。我也没有从事程序员这个行业。

我算是计算机的Power User,在2019年写了一本书——《自学是门手艺》,其中以自学Python的经历为例讲了自学的一些基本规则,这算是跟程序员最接近的一次了。2014年我曾花了两周学Web编程并编写了一个网站,还正式运行了一段时间。这基本上是我跟程序员工作交集的阶段。

我周围有很多程序员朋友，距离程序员这个圈子还是很近的。像蒋涛、霍炬、刘江，都是多年的朋友。今天更多是抱着学习的态度来交流。

程　浩　　我跟笑来有一点相似，中学都学过 Basic。我是本科读的数学系，毕业后去美国读计算机，然后就去硅谷做程序员工作。

回国后我到了百度，之后创办了迅雷。迅雷的早期 1.0、2.0 版本都是我和合伙人以及几个工程师一起写的，所以还是做了一段时间的码农。2005 年以后，迅雷的技术高手越来越多，我就慢慢转型做产品和运营。因为迅雷还是以技术为立足点的公司，我们首创的 P2SP 算法和技术还是有一定创新性的。所以今天也非常高兴有机会在 1024 程序员节跟大家交流。

康录发　　跟前面两位老大不同，我是进大学之后才开始接触计算机。我虽然是工科，但对计算机非常感兴趣，接受了比较系统的训练。那时用的是布尔中型机，上机时间很宝贵，代码是在纸上手写的。

大学毕业后到了同方大厦里面的一个公司，跟着几个高手在 Windows 底层写汉字输入法，后来主要从事市场、销售产品相关的工作。

在后来的几次创业过程中，我跟代码的关系也没有断开过。我曾经做过一个在线工作平台，用一套 ASP 开源论坛系统支撑了 100 多万用户，在高并发负载方面也探索到了性能极限。

每当出现新的开源产品和开发工具，我都会去用一下，包括安卓、苹果的开发工具，云计算、虚拟化这些开源产品都运行过。最近我从事风险投资财务顾问的工作，也经常下载开源项目自己安装，如最近在研究 AI 生成图形图像的开源项目。

闫　辉　　我们今天的话题是程序员创富，请几位老师分析一下，程序员这个职业是否比其他人群更容易创富？有什么优势？

李笑来　　我认为，拥有编程能力，哪怕不是工程能力，而只是最基础的编程能力，都会让一个人的效率有很大提升。

我第一次给自己设置有钱人的幻觉，就是我出了一本书，版税会打到一个新的银行账户。当时还没有卡，只是存折，我出门就把存折撕了，那笔钱到现在有 20 年了，每年都有版税进去，但我从来没有打开过。因为我对自己说：一个人如果有一笔钱永远不用花，他是不是有钱人？！

这样，20 年前的我，还没有很多钱的时候就有了富人的幻觉。那本书名字大家可能也知道，就是《TOEFL 核心词汇 21 天突破》。其中的 2 140 个词是通过拆解几十年的真题，再统计词频列出来的，这些工作纯靠手工肯定完成不了，是我通过编程写脚本统计出来的。那本书在英语老师出版的书籍里可以说是不可逾越的，因为其他英语老师不会写程序。

在这个时代，只要一个人有一定编程能力，就能干比别人更多的事情，用对劲就能赚更多的钱，这是第一个层面。

第二个层面是生产资料的价值，这很重要。在过去的 30 年前，全人类最重要的生产资料依然是土地。但近 30 年这个趋势已经彻底发生变化了，因为金融市场上市值第一的肯定不是地产公司，市值前十的公司除了一两家资本公司外，剩下的全是技术公司，这就说明生产资料的价值发生了变化。

我有个观察，也可以说是实践和感悟，这就是**用于生产的生产资料越抽象，利润越高**。因为抽象的生产资料成本几近于零，过去生产是需要使用土地、矿产，但现在用数据就可以创造价值，数据成本很低，这就是 IT 公司的价值机制。

例如，当我是作者身份时，我也算码农之一，只不过码的是字。字是零成本，如果一字一元，这就意味着手指每动一下就是一元。但程序员要比作家厉害很多，作家只能讲讲故事，程序员却可以写各种各样的程序，有工程能力还可以写平台、写服务，市场无限大。

中文作家的作品只能中国人看，但中文程序员做出来服务可以面向全球。

所以，**程序员职业最接近这个年代最重要的生产资料——数据**。如果程序员不赚钱，或者说作为程序员没赚到足够的钱，可以说天理难容。

闫　辉　　浩哥自己做了很久程序员，但现在主要在做创业投资，站在你的角度上，程序员去创业有什么优势？

程　浩　　我觉得程序员创业确实优势很明显。我补充一下刚才笑来老师的话题，程序员创富相对比较容易，是因为**现在世界上最有价值的都是科技公司，程序员先天离这些公司的核心价值最近**。

比尔·盖茨、拉里·佩奇、李彦宏、马化腾、张一鸣都是程序员，我估计科技公司超过一半的公司负责人都是程序员背景。

从概率的角度，程序员创富比其他职业更容易一点。原因也比较简单，科技公司初创始，程序员最核心。**程序员作为公司的创业核心，不依赖别人就可以启动**，销售人员做首席执行官（CEO）还得招几个程序员，而且不一定招得好。但程序员本身作为创始团队，有两个人就可以启动。以迅雷举例，我跟老邹（邹胜龙）就是程序员，我们两个就可以启动创业。

虽然程序员创业有优势，但也不是所有类型的项目都适合程序员做老大。科技创新的项目显然技术人员做 CEO 最合适，如搜索引擎，不管美国还是中国，CEO 基本上都是技术背景，因为搜索引擎是技术驱动性强的领域。而运营驱动的公司或业务，如游戏、视频网站，往往是运营背景强的人来做 CEO 更合适。

康录发　　我在笑来老师和浩哥基础上再补充一点。

编程首先是数据结构，也就是建模，然后是算法，之后才是编程代码。数据建模和数据结构是构造世界的一种能力。这和中国传统文化中的"道生一,一生二,二生三,三生万物"相通。

当你拿到一个编程任务的时候,其实就是真实世界映射的过程。程序是一种更高层次的抽象能力。做技术驱动型创业,早期产品会强,技术直觉能够驱动公司走到足够大。

抽象能力有好处,也有不好的地方。当公司达到一定规模后,**管理不是鲜明的 0 和 1 的代码问题,而是模糊数学、模糊算法,建模很难**。如果程序员背景的创始人把这一点突破了,做任何生意都可以。

浩哥说程序员创业挺容易,是站在某个高度往下看很容易。我这几年见了近千个程序员创业的初级创始人,90% 的失败率,回去接着打工,还有 9% 是有一个不死不活的小公司,每年有几十万元甚至一两百万元的收入,对个人来讲算是创业成功。但从创业投资或者个人事业追求的角度,年营业额达到 1 000 万元以上,不管技术驱动、产品驱动还是销售驱动的公司,都是 1% 以下的比例。

程 浩　　康总说得很有道理,创业成功永远是小概率事件。我们做投资总结出了很多条规律,但所有的规律其实都能找出很多反例。当然不代表这些规律没价值,因为投资是要看大概率事件。例如,高富帅创业相对容易成功,容易组团队,容易融资,容易获客。但不代表说高富帅创业就有非常大的成功率,只是相对的,高富帅创业成功也是小概率事件。

闫 辉　　程序员群体有没有一些特定的思维模式?这个思维模型是否有助于他们去创富?

李笑来　　我见过的优秀程序员都没有外面说的那种怪癖。正常人在这个世界里创业赚钱相对更容易。

我们人类使用的语言有两种：一种叫自然语言，就是日常生活中使用的，比较含糊不那么精确但非常灵活；另一种叫人工语言或者说人造语言。数学就是人造语言，物理也是人造语言，编程也是人造语言。人造语言讲究的是词汇量少、用法准确、无歧义。日常生活开玩笑当然要用自然语言，但如果要讨论问题，最好用人工语言，而不是用自然语言和稀泥。

有些人程序员做久了，讨厌一切含糊的内容，讨厌自然语言。但我觉得只要把这一点处理好，一切都不是事儿。

程　浩　　程序员的优势肯定是思维的逻辑性比较强，他能够说出一套比较完整的逻辑，当然逻辑性显然也不是创业的全部。

我之前提过程序员创业要闯三关。

第一关叫技术关，通常这是程序员最容易闯的一关，因为程序员创业肯定找相对熟悉的领域去做。

第二关叫业务关，有一定挑战。因为做 toC 要能获客，做 toB 要能搞定客户。逻辑思维能力也很重要，但不是全部。toC 比较适合逻辑思维能力，程序员背景的人肯定能搞得很明白。toB 获客更多需要对人性的理解，其中包括察言观色、判断对方角色、决策链决策逻辑等，这需要很多技巧，不是所有的程序员都能做得好。

闯过业务关，还有一关很重要，就是组织关。公司人很少的时候，20 人以内每个人都认识，不太需要过多的管理机制。公司到了 100 人甚至更多，如果组织能力没到，人越多效率越低，这是非常大的障碍。

所以程序员除了固有的理性思维能力之外，还要培养跟人打交道的能力，培养个人魅力，同时对组织管理要有敬畏之心。

创业本身也是提升认知的一个过程，所以简单讲程序员创业就是闯三关：技术关、业务关和组织关。

康录发　　我观察到很多程序员背景的创业者，有两个职业惯性会给创业带来负面影响。

首先，他们习惯优雅的代码，习惯做精准估算。做程序没有问题，但把这个习惯放在工作中，希望也有工作函数来精准调用，掉链子概率极大，因为人做事需要有冗余系数。

第二个就是会把0和1非黑即白的思维模式带过来，程序可以这样，管理却不是非黑即白。当然，有一批人既是优秀的程序员，又是天才商人，如马化腾、扎克伯格。

很多程序员除了技术代码工作，日常生活中的抽象能力还不够，在人和人交往、商业逻辑中如果没有扩展性思维，编程中一些惯性就会带过来，带来不好的反馈。

闫 辉 笑来老师写过一本书叫《财富自由之路》，里面谈到，如果要创富需要改变很多认知。请问这些认知对所有人是一样的吗？有没有程序员需要特别改变的认知？

李笑来 我觉得是相通的。**世界上没有一个专门供程序员捞钱的地方，大家进入的是同一个市场，在同一个世界，所以商业模式的本质很难发生变化。商业模式一旦成立，必然是通用的。**

我在《财富自由之路》一书中提了一个不太一样的概念，叫个人商业模式。主要研究一个人怎么获取更多一点的收益，而不是研究组织，因为我觉得研究组织的人太多了。

绝大多数人一生赚钱的核心模式就是出售自己的时间。我学了本事，用这个本事去工作，最后算出来工作一小时我能赚多少钱。不同的专业可能带来不一样的收入，受过高等教育的会高一些，牙医的一小时收入比大学社会学老师的一小时更高，律师每小时就更高，同样学法律，打离婚官司的比经济官司的更赚钱。

虽然大家都在提高自己的时间价值，但这个价值有尽头。因为知识可以无限学，但一天能卖的时间就那么多，工作8小时就已经很累了，12小时也勉强可以，但没办法再多了，所以这个模式是有尽头的。

于是我选了另外一条路径：想办法把同一份时间卖出去很多回。例如，我去当老师同时给50个人讲课，等于把那份时间卖给50个人，但我觉得这还不行，赚钱太慢，我要去一节课有500人听的学校，这就是新东方，新东方给的工资高的原因就在这里。然后我写书花了9个月时间，这本书卖了20年，卖给了很多人。这样才能有突破性的收入，这是一个最基本的观念突破。

其实程序员是最容易创造出产品和服务的。在如今这个世界里，除了写作，再找到能够把同一份时间卖很多回的职业并不容易。程序员写出来的产品和服务显然符合这个定义。

在认知上我有一个建议，不要把目标定得太大。如今不需要赢得全世界才能养活自己，你的产品如果有10万量级的付费用户就已经很好了。所以，我现在不太愿意用"创业"一词，程序员搞一个使自己活得比现在好十倍的营生，其实是很容易的。核心关键就是找到一个值得你去研究投入，并且能够生产出来，并能卖出去的产品和服务。

前两天我看到一篇文章，说那个程序员一个人一年1亿元营收，不需要投资机构，不需要上市。所以这个时代不太一样了，要利用自己的优势，没必要想那么大，好好搞一个营生，就很好了。

程　浩　　程序员创富或者程序员创业，核心是要选对赛道。举个简单例子，2000—2010年，从业或者创业显然应该是互联网。2010—2015年，显然应该选择移动互联网。

有一句话说得好：选择大于努力。这句话太有道理了。我认识一个百度小哥，2017年在百度干得非常好，那时字节跳动挖他，负责抖音商业化。他当时用了早期的抖音产品，没有看懂所以没去，后来去了ofo小黄车，虽然可能拿到了更高的职位或待遇，但两年之后的结果已经很明显了。

从大的角度上，先选朝阳产业，一定要选那些大势上有发展红利的领域，否则选一个夕阳产业，就是推着石头上山，非常痛苦。选择大于努力，是颠扑不破的道理。

那大家一定会问：怎么能够选择对的行业和公司呢？回到了认知本身，除了有些是运气或者被动选择的因素。也有一些主动因素，核心就是提升认知。

我过去总结过，比较有效提升认知有两个手段。第一个手段是一定要多看书。书的知识是相对系统化的，而公众号、短视频的内容都是非常零散的。书最大的问题是内容不是最新的，那怎么弥补最新的知识？

第二个手段就是要跟行业牛人去交流，这一点特别重要，跟行业牛人交流是提升认知最快的方式。大家看美团创始人王兴经常在社交媒体上发一些内容，还是有一定深度的。我之前写过一篇人工智能六个核心问题的文章，王兴看完之后我们就约了一顿午饭，午饭上和我交流了很多关于人工智能的一些观点，相互都觉得受益匪浅。

我发现很多在行业做得不错的创业者，都跟王兴交流过。领域五花八门，有商业航天、机器人、人工智能、企业服务等。虽然以王兴的地位，想跟谁交流都很容易，但他非常主动跟行业一线专家交流本身也是提升认知的一种方式。

康录发　　程序员创富，有一批程序员做规划、画框图、自顶向下做惯了，对世界微微带着一点俯视感，可能只有 5 度，但俯视感其实不利于提升认知。如果平视会好一点，如果对世界能有 5 度的微微仰视感，那么他就永远处于一种学习的状态。

程　浩　　我非常认同，永远要保持谦逊，要对新鲜的东西保持好奇心，这一点挺重要的。

闫　辉　　互联网圈的创业概念很大。但从创富的角度，对很多程序员来讲，想请三位嘉宾谈谈如何赚到 100 万元、500 万元、1 000 万元？有没有最小的 MVP 或者 SOP？

程　浩　　选择什么方法取决于最终目标是什么。如果想赚 1 亿元，那赚 100 万元并不一定是 1 亿元的必由之路，甚至说如果赚了这 100 万元，可能就赚不了 1 亿元。

要赚 100 万元，对程序员来说真不难，工作之外接个外包项目，几个项目就能赚 100 万元。但这种 100 万元赚起来之后，可能赚 1 000 万元就比较难了，要赚 1 亿元就没戏了。所以我认为，赚 100 万元不一定是赚 1 000 万元的必经之路，赚 1 000 万元也不是赚 1 亿元的必经之路。

我们投资人看企业营收，看的是未来的主营收入。如果是薅政府的羊毛，政府奖励了你 1 000 万元，或者说去接了一个外包项目赚了 100 万元，这不算主营收入，对公司估值没有任何帮助。如果你想赚大钱，不一定需要赚这点小钱。这里也没有褒贬，不是说赚 1 亿元就值得崇拜，赚 100 万元就普通。

对于程序员来讲，人各有志。我个人肯定愿意达成一个高目标，但并不一定所有人都适合创业，去大厂多干几年，股票加现金也不少，在一线城市也能买房、结婚、养小孩。甚至有人说三线城市能够生活得更好。我不能给别人定目标，因为代替不了所有人。

康录发　　我有几个观点供在线的程序员朋友一起参考。

第一个是痛点的总结和抽象能力。路边打车是痛点，任何程序员都打过车，能不能灵光一闪，大脑做仿真计算，能不能做一套系统卖给出租车公司，去收割天下几百万出租车行业，把司机变成骆驼祥子。如果有这种痛点的挖掘推演仿真能力，吃喝拉撒睡衣食住行都有机会。

我还看到某些行业的技术人员，用业余时间写了一套系统，如美发厅管理系统、汽车修理厂管理系统，公司估值到几千万上亿元的案例都有。其实大家都在做开发，给开发人员提供工具，甚至以开源方式赚到钱，例子也非常多。

第二个就是颠覆指数。滴滴为什么估值那么高，因为颠覆指数够，通过移动互联网，大幅度提升了颠覆指数。

第三个是客单价与未来赚多少钱成反比。美团用户是20元客单价，外卖滴滴20元客单价。**客单价越低的生意越伟大。**

李笑来　　刚才听到这个问题，我一时半会儿没反应过来。

听了浩哥和康总的表达，我意识到为什么刚才没有反应过来。因为我人生中从来没有过任何一次以赚多少钱当作目标。我并不是装清高，我也是非常俗气。别人视金钱如粪土，**我恨不得视粪土如金钱。但我确实没有把钱当作目标去做事。**

我的观念是：只要你是有价值的人，市场就一定有人出价。价格可能不准确，低估或高估。想赚多少钱不应该是目标，目标应该是要变成多贵的人，具备哪些能力的人。我做投资时间久了，原来听起来非常抽象、假大空的话，逐渐觉得是非常对的。例如，我去买一家公司的股票，为什么笃定去买，原因在于这家公司为这个世界真的在持续创造价值，所以我会持有它的股票。

所以你的赚钱能力大概率取决于你为社会创造价值的能力，当然不排除有些人没创造价值也赚到了钱。

如何把自己打造成能赚钱的人，我补充一个特别基础的能力：就是能够制作完成完整产品、完整服务的能力。如果你只有一方面特长，就只能跟别人配合着，参与人家的生产。我在新东方干过，从新东方出来的老师开学校的很多很多，但这么多年没见过什么太成功的。为什么？因为一出去就会发现还需要有人卖课，所以才恍然大悟，俞敏洪同学不仅会讲课，他卖课还卖得好。

所以，我认为程序员需要有特别完整的能力，而不是单项的最高能力。如果你除了工资还想赚更多的钱，那么只有一个选择，不仅仅参与生产，而且要组织生产。

闫　辉　　补充一个观众的小问题。王兴可以随便找别人聊天，普通人没有机会和大牛对话，怎么办？另外有什么推荐的书？

程　浩　　当然我们不能像王兴一样可以随便找到人。但普通人也可以找周边的人。我也做视频号和公众号，读者中有些同学给我留言或问一些有深度的问题，有意思的话我也会加对方微信，深聊一下。

所以，核心是你有多渴望跟其他认知更高的人去交流。只要足够渴望，你一定能找到很多方法跟他们一起交流，吃个饭、喝咖啡都不是大问题。

我再补充一点，人是有多面性的。你在 A 方面认知强，我在 B 方面认知强，我们通过交流交换一下认知，这种机会是非常多的。可能某个人整体还不如你，但只要在你感兴趣的领域是大牛，就值得交流。

闫　辉　　还有观众提问，能预测接下来程序员界有哪些潜力方向的板块？

程　浩　　说心里话，我觉得在大厂机会是比较少了。毕业生先去大厂锻炼两年无可厚非，但如果想未来有一个长久发展，大厂发展空间是比较有限的。

我个人比较看好全球化的业务，以全球市场为你的主要市场，而不仅仅以中国市场为主要市场。中国创业的目标是中国用户，美国创业的目标是全球 70 多亿人口。

我觉得 Web 3 创业机会很大，因为 Web 3 代表了更大自由和更低成本的信任。事实上现在很多大厂出来的人都开始做 Web 3，美国也一样。美国三年前做 Web 3 的都是草根，但今天很多硅谷大厂出来的人拿了大钱。我觉得 Web 3 是下一波浪潮，这是我的观点。

闫辉 我相信很多朋友对 Web 3 的整体概念并不是很清楚，站在程序员的角度，整个技术发展和未来趋势大概是什么样的？

李笑来 我在网上经历过一些舆论风暴，公开场合不太讨论和参与这些话题。但既然是来 CSDN，都是老朋友，我只从一个角度讲 Web 3 的重点。

互联网没有摆脱一件事情，就是肉身永远不可能融入网络内部，即便有脑机接口，还是需要肉身，所以彻底融入元宇宙世界，我觉得是不太现实的。

我看 Web 发展的趋势是这样的：Web 1.0 时代只有信息流通，其他都没通，买东西都买不了。很多人说 Web 2.0 时代是关系网时代，但回头看，这十年社交网络创造的经济价值好像并不实在，Facebook 虽然是 Web 2.0 标杆，但他的经济模式还是广告模式。以社交产品为代表的 2.0 并没有很大的浪花。

最赚钱的反倒是电商上市公司。电商在过去十几年是经济效益的老大。电商崛起是因为物流崛起了。**商业需要三个流：钱流、信息流和物流**。电商的核心就是这三个。

我觉得 Web 3 最核心的是钱流，上面流通的钱不止一个国家的货币，钱可以去任何地方，手续费接近于零，这是我认为最核心的变化和趋势。钱流变成了信息流一样低成本的系统，究竟会给这个世界带来什么样的变化？我们猜不出来，但我确实一直在关注。

程浩 这个话题比较大，我尽量简明扼要地说。我认为 Web 3 的核心价值是更大的自由和更便宜的信任。

对程序员来说，Web 3 整个环境非常开放，很多都是开源产品，不需要别人的同意，就可以直接在这上面做开发。加上数据属于用户，这种积木式创新的效率非常高。积木式的开发和更开放的环境，使 Web 3 的发展速度可能远超 Web 2，有一个月不关注 Web 3，好像都有点落伍了。

第二就是更便宜的信任。因为 Web 3 里有智能合约保障，交易不需要我们之间互相信任。很多不能做的事现在就能做了，以前高成本可以变得非常低成本，这是核心价值。

当然，现在 Web 3 基础设施还不是很完善，TPS（服务器每秒处理事务个数）比较低，交易 Gas 费用也比较高。所以目前主要跑的还是 DeFi 金融类项目，因为要进入需要有金融资产，没有破圈，但是我相信 Web 3 游戏未来肯定是爆发点，Web 3 社交我也很看好。

康录发 在中国，未来数字人民币和分布式治理会出现很多商业模式。

在不同的技术驱动力和生产力水平下，有不同的社会组织形态。我们现在去看 200 年后全球人类的社会组织形态，可能就是 Web 3。我觉得我们生活在一个伟大的时代，我们有幸亲身参与了中国的快速崛起。

闫　辉 程序员要去创富，除了基本的代码能力之外，还需去构建什么能力或资源？

程　浩 创业者特别是 CEO，不管他是不是程序员，投资人主要看四点。

第一是创业精神，能不能坚持住。创业是要过九九八十一难，别两三难就放弃了。

第二是领导力，气场足不足，能不能说服你的合伙人，能不能说服 VC，能不能说服你的客户就是领导力。领导力可能是很多程序员背景的创业者所不具备的，程序员创业者就必须要补足这一点。

第三个比较重要的是执行力，一个月能干完的事情能不能两周就干完。

第四个非常重要的是学习能力。不管是不是程序员，学习能力都很重要。

李笑来　在我二十三四岁的时候，全世界都在讨论"个体的崛起"。现在回头去看，大部分人都没信，就我一个人傻真信了。

但我是幸运的，这个世界真的正在朝这个方向去发展。今天整个世界对创作者、生产者的友好程度是无法想象的，有大量的助手能让你一个人去干之前绝对不可能干的事情。

我的投资生活很简单，不像大家想象的那么忙。我基本上是做一个决策等十年的人，剩下时间就讲讲课写写书。我经常很感慨幸亏生活在这个时代，我不需要受出版社的制约，写了就可以发，我也不需要受银行制约，我想收钱就收。我能力也补充好了，所以需要卖的时候我也能卖，所以这个世界对那些能够一个人完成一个有意义的服务或产品的人是格外的友好。

所以，我的主要建议是先别想那么大。先解决一个问题，能不能做出一个完整产品或者完整服务。如果你能够提供一个有意义的服务，100万个人一年给你出5元，你就能一年赚500万元。

另外一个道理是，一旦你生活当中某一个焦虑不见了，你的整个判断系统都会发生巨大的变化。今天我的很多认知和决断，连我自己都惊讶。我自己非常清楚，如果不是10年前15年前我的经济问题解决了，我不会这么想的。以我的个性，我也会认为别人说的道理是装。

既然讲创富，最实在的建议就是先把自己的生活问题解决掉，干干净净地彻底解决掉。所谓的没有负担不需要很多钱，没有负担的一瞬间你就升华了，然后再去考虑这个世界需要什么，我能干什么，得出来的结论肯定就是完全不一样的，这是我最大的建议。

闫　辉　　　最后请各位嘉宾再总结一句话，送给我们的程序员。

程　浩　　　选择远远大于努力，一定要选择一条好的有红利的赛道。

康录发　　　我想说，要以 5 度的角度仰视这个世界，把自己的目光放在距离头顶 80 厘米高的位置。

李笑来　　　总结加建议我就一句话，程序员要把自己改变成服务提供者，那就肯定能赚钱。

闫　辉　　　非常感谢三位嘉宾，每一个人都有自己不同的背景，看待程序员创业创富这件事情，也有非常专业的角度和维度。

　　　　　　对程序员来讲，如果要去创富，真正的决策是自己做出的。嘉宾能力和水平再高，也只能给一些方法论和框架。授人以鱼不如授人以渔，我觉得嘉宾讲的是钓鱼的方法，而不是直接给你那条鱼。感谢嘉宾的分享，谢谢大家。

"90后"
程序员如何创业创富

人物 关键对话

陈顺利   葫芦笔记创始人，连续创业者，高级全栈工程师，9年软件、产品经验，先后任职于XOGroup等外企上市公司。2018年开始创业，代码语义搜索项目(2018—2019年)：基于NLP和静态分析的技术做的智能搜索，目的在于提高程序员代码搜索和编写的效率。

刘昊臻   Eolink创始人兼CEO，Linux & Linux Tars基金会成员，TGO鲲鹏会最年轻成员，广东工业大学计算机学院特聘教师。1994年出生，初中开始接触编程与设计，大一开始组建跨校跨国技术团队创业，作为连续创业者，在大三时创办Eolink，目前已成为国内领先的API全生命周期解决方案厂商，为超过50万开发者和10万企业提供企业级API研发管理、自动化测试、微服务网关等产品，并获得英诺天使、水木清华、挑战者资本、红杉、国宏嘉信等机构投资。

殷建松（Jason）　校园 VC 创始合伙人、创业布道师、天使投资人，兼任教育部互联网+大赛专家委员会委员、清华 x-lab 顾问、清华 iCenter 导师、北京大学研究生院导师、中国创业教育工作者网络 (EECN) 执行秘书长等。《创业的乐趣》和《从零到英雄》的作者，曾任微软 Windows 产品经理和 IDG 战略咨询公司 In-Stat 总经理。

关键对话 内容

　　作为"90后"程序员，拥有良好的教育背景和丰富的知识储备，信息时代为"90后"创业者提供了更多的学习机会和资源，使他们能够更好地掌握专业知识和技能，为创业打下坚实的基础。本期我们邀请几位"90后"的程序员，同时也是连续创业者，分享和交流他们创业的过程和体会，了解他们的想法，探究新生代程序员的创业创富之路。

闫　辉　　众多创业者都经历过看到一些偶像的创业经历，备受激励，从而走上创业之路。如雷军当时也是看到《硅谷之火》这本书，认定创业是自己要走的路。各位"90后"创业者，你们有看到什么故事和偶像，被激励创业的吗？

刘昊臻　　我先学的是设计，后学开发，初中和高中我就在网上接一些私活和兼职，如小程序、小应用。

　　工作能力慢慢积累后，想做更大的事情，我的目标也越来越清晰。高中我就决定大学一定要创业。所以高考完成，我就在旅游坐火车的路上开始了团队招募，并且在大一开学前把团队组建好了。当时是以兴趣社团方式来招募的，希望能挖掘到一批人，这批人现在很多也是公司的核心成员。

　　每个阶段都有不同的人激励我创业，以前卓越教育的校长给了我很多工作和人生方向上的指引。但更多时候，我觉得创业还是发自内心的，我不会因为看到某个人的故事就热血澎湃。

陈顺利　　在学校时我比较喜欢武术，看李小龙传记，发现他会设计很多武术使用的工具。我觉得这和编程很类似，软件也符合工具的特征。YC 创始人的《黑客与画家》这本书对我影响比较大。让我感觉创业和黑客是很重要的东西。《乔布斯传》之类的书也给我很多熏陶，激励我自学编程去创业。

闫　辉　　Jason 属于创业导师，现在做校园 VC 支持大学生创业。你见过那么多校园创业者，大家是什么样的场景和经历？

殷建松　　前两天，我有个网名叫凉皮的学生，3 月份还从来没有学过编程，到这个周二就可以拿出来一个产品，并且在我的创业课上给同学们做了演示。凉皮做了一个 App 和网站，可以帮助大家从抖音里找热门的爆款视频，通过这些视频内容找到关键词，再通过关键词扩展更多相关关键词，算是一个内容创作的工具平台。他能够花半年时间做出这样的产品，很厉害。现在 Python 确实把编程友好度大大提升了。

创业者在任何社会的群体中都是少数派，肯定不到 1%。就算中国最好的理工类大学，如清华也没有很多人创业，反倒是他们有更多机会去留学、当科学家、成为公务员。

所以，我们今天这两位创业者属于难能可贵的少数人。创业要去无人之境、蛮荒之地，要去开创一个新的事业，往往是不被大众认可的。

两位创业者有不同的人生经历，顺利的经历比较常见，昊臻更为少见。我观察大部分小孩爱上编程是从玩游戏开始的，玩着玩着想去做一款游戏，像沙盒游戏《我的世界》就对很多人有影响。

目前经济下行，又是疫情期间，很多人求稳，所以考公务员、考研的人更多了。大家会看到社会越来越追求安稳。

但事实上，所谓安稳的道路上竞争也是很激烈的。我推荐大家读一本书《第三道门》，里面讲了一个小伙子在18岁不想去上课，于是拜访很多名人，问他们18岁的时候在做什么。他花了六七年的时间写出这本书，里面的结论告诉我们：不要走常规路，因为常规路性价比极差，人生要走窄门，这也是我给学生传授的一个思想。

闫 辉 请两位创业者讲一讲自己的创业项目是怎么启动的，为什么会选择这个方向？

刘昊臻 我们现在做的产品与API相关，包含API全生命周期管理，从数据生成到研发管理、自动化测试、监控、微服务的网关，以及开放平台和交易等。这是一个完整和庞大的产品体系。

我最早做项目的时候，就很关注团队效率和工作效果。于是在公司内部做一些工具，这些就是Eolink产品的前身，也是开源产品。后来我觉得这个想法很有市场，给身边朋友试用反馈也还不错，所以做了这个创业方向。

我所掌握的资源和技术能力，如果做技术类工具、解决特定的问题，成功率相对会更高。而且这个产品方向面对的客户群体的使用习惯比较标准化。基于这个已有的明确痛点，只是用新的技术来解决已有问题。

我们思考的是如何把API市场做大，因此2016年提出做API的全生命周期产品。API全生命周期包括三部分：首先是API管理平台，因为API是资产，资产必须有一个资产管理平台，就是API研发管理。其次API运行在哪儿，这就是流量平台，数据和服务通过API平台对外开放，让大家能够使用。第三就是API在哪里被人发现，这就是 API 应用市场。基于这个大框架，我们设计了整套 Eolink 的产品体系。过去五年基本上都在按照我们 2016 年所设计的大方向来做产品的不断迭代。

陈顺利　　我第一个创业项目来自当时维护一个大项目，几十万行代码，每次公司负责人改需求，都找不到代码在哪儿。这也是维护大型项目程序员的痛点。

　　于是我就写了一个代码语音搜索工具，帮助程序员快速找到想要的代码。把代码解析成语法，通过深度学习和向量化、自然语言做一层机器翻译的映射，实现自然语言搜索代码，能够大大提高程序员的效率。

　　我现在的葫芦笔记是第二个创业项目，希望每个人都有一个助手，提高思考和学习的效率。葫芦笔记支持大量的文档解析、语法解析，其中用到很多编译器层面的技术。

闫　辉　　Jason 作为创业导师，在校园创业中选择创业方向时，是怎么的思考路径？

殷建松　　我们把创业定义成为基于不确定性的行动，并创造新的价值。

　　创业肯定是不确定的，创业方向就是在不断的内外碰撞中去寻找的。今天要想做的是 A，做着做着成了 B，到上市的时候可能变成了 C，发财的可能是 D。马云最早做的是商贸通，出国为主，国外交易，后来做 6688 批发，之后又做淘宝和天猫，后面还有共享单车、蚂蚁金服等。

　　人首先最难发现的是自己，自己看不清楚自己。其次，外部需求也很难发现，没有人知道你做出来的产品，会不会有人用。

　　所以**我给学生的建议是：要有做 10 个项目的准备，每个项目都要发布出来，看市场的反应。**也许你寄予厚望的项目并没有爆发，往往没想好很匆忙上线的项目反倒爆发了，爆发了也不一定是你热爱的。

创业需要咬定青山不放松，没有成功是瞬间的，任何事情都要积累。很多人看别人成功，并不知道其前面有十年的积累。扎克伯格好像一夜成功，其实他十几年前就编程了，有十多年的经验。积累是很有必要的，早期就是要像无头苍蝇一样到处去乱碰，找到自己到底适合做什么。想是没有用的，想是想不明白的，只有干才能干明白。

现在高校创业还是比较热，大家可能不知道，2015 年开始，中国教育部就推动了互联网＋大赛，如火如荼。2022 年 6 月国家出了一个文件，把福利彩票的一部分资金在学校里建设创业学院，这个新闻在教育部网站和财政部网站上都有专门的文件。

当然，**传统教育制度实际上是不鼓励创业的，中国人一生都在为考试而准备。考试很明确，考过了就能上岗。但创业是不明确的，连个考卷都没有，就算发下了一张考卷，也是空白考卷，自己出题。**

大学生还是受制于视野，大部分人就是围绕身边的食堂、快递、谈恋爱、校园纪念品等，这些项目方向都不行。我最近在高校力推数字创业，做数字化产品，我总结是三个 C：第一个 C 是 Content，即内容，可以做抖音网红等内容平台；第二个 C 就是 Code，可以写代码，赚的更多一些；第三个就是 Crypto、Web 3。因为 Web 3 都是开源的，包括项目、数据都是公开的，无须许可、无须信任。我带的学生都是做这些最前卫的 Web 3 的项目。最近我就带领学生在一些 DAO（去中心化自治组织）中申请资金去做一些公益项目。

每个时代都有自己的红利期，我鼓励学生要顺势而为，孙中山先生说过：历史大潮浩浩荡荡，顺之者昌，逆之者亡。我对这一点是印象特别深刻。

很多学生喜欢游戏，我就让他们考虑如何把原神这样的游戏做成元宇宙版本。元宇宙可能是我们 IT 行业终极发展方向，把 Web 3 的产权确认，加上 AR（增强现实技术）、VR（虚拟现实技术）的用户体验，加上 AIGC（人工智能生成内容），把这些科技加在一起就进入了黑客帝国这样的未来时代。

闫辉　　针对创业，因为角色不同，看问题的角度也不同。投资人视角看的是方向和赛道，但对于创业者个体，还是要基于自己的兴趣和爱好。当两者结合很好的时候，里面可以诞生很牛的创业项目。

只要做好自己认为有价值、自己喜欢、能激发自己能力的事情，对个体来讲就是一种成功。所以像 Jason 这样的创业导师或者投资人，给大家一些方向性的建议，让大家去结合自己的兴趣，找到结合点，特别重要。

这两位创业者都属于连续创业者，并没有在大厂工作的经历。大家可以谈谈，如何看待去大厂和创业的关系？

刘昊臻　　这是一个比较现实的问题，对大部分人来讲，还谈不上去大厂或去创业，更多考虑的是如何找到一份比较好的工作。

我有比较高的风险承受能力，不是我家庭条件有多好，而是我对生活或家庭的基本要求是比较低的。在这种情况下，我有比较自由的环境和选择。我很早就告诉自己，一定要做出成就，成为一个人物，我更希望让自己变成一个大厂，当然这需要很好的运气。

陈顺利　　我家人倒是不同意我创业，因为上班更稳妥，大部分人更喜欢确定性。但创业者必须要拥抱不确定性，把不确定性转变为别人的确定性，自己的价值就体现出来了。

本质上，创业者需要的是抗压能力。从内心的角度，我的想法就是这辈子就是需要为梦想去奋斗过，至少不后悔。我至少是朝着这个方向努力过，虽然可能失败。

创业不可能一上来就被人认可，只有做出成绩，大家才会认可，

更多时候是要承受痛苦和否定,所以创业者需要一个很强大的心脏,需要自己的独立思维,有梦想的指引,否则很难去坚持。

殷建松 绝大多数人是想过稳定的生活,尤其在中国这样的儒家社会,我儿子现在在英国上本科,他觉得在国外人很自由,没有到什么年龄必须做什么事情的要求,都可以活出自我。

中国社会人和人之间的关系更紧密,家人对你有很多的期望,大家也是从小被引领要成为一个"模具中人",大部分人是肯定要去上班的。

但创业者是反叛者,创业者肯定是不愿意去大厂。去大厂有利有弊,好处是经济压力小,也能学到很多东西,大厂体制可以集中很多优秀人才。越在大厂工作的人越不容易创业,因为离开了温暖的、有很多支持和福利的环境,很难适应。而且每天面对不确定性,压力太大。

所以,**创业者是需要有反骨的,血液中要有反叛精神**。有位做投资的朋友说,如果有人问自己适不适合创业,这样的人千万不要投资。因为真正的创业者是头也不回,不会去问别人意见的,只要是火坑,就要往里跳。

真正的创业者太缺乏了,这也是我办校园 VC 的原因。我很多年以前就财务自由了,对我来说,完全可以不工作。但我喜欢和创业者在一起,做反叛的事情,创造一个不同的世界。

因为要改造这个世界,所以很多人会阻止你,会遇到很多麻烦和挑战。我的创业课的第一课就是教大家如何去面对失败,因为失败是常态。创业的本质就失败、失败、不断失败,直到出现意外,创业成功都是意外。

闫 辉 我们今天这个话题叫"90后"创业。这个时代技术发展,是否带给我们一些技术方面的后发优势呢?

刘昊臻　　技术变化太快了。这对于创业来说，是好事也是坏事。

好处是有后发优势。计算机软件的发展历程，就是不断地封装，一层又一层。之前需要理解操作系统编译原理，现在计算机专业学生可能很少人了解，大部分人都是拼装，用脚手架、框架，加上开源的代码组合在一起的。这可能让一些比较资深的技术专家有些沮丧。

这样，创业门槛肯定比之前低很多，但竞争的压力会比之前高很多。之前只要把产品做出来，有些客户就会接受，甚至花钱购买。现在，你把东西免费了，求用户都不一定用。另外，还有恶意竞争，发现一个方向赚钱，很多人都会去搞。

真的要走上创业这条路，对创业者的综合素质要求比以前高很多。如何去盈利，如何去做好营销，甚至用户管理都要去做，而不是单纯是一个好产品，还是蛮难的。我在大学参加过各种创业比赛，会发现很多项目在做低层次竞争，很难做大。

创业现在还要分行业。每个行业不一样，变量非常多，不只是技术、营销等单个因素，创业是很多因素混合起来的竞争。**如果让我重新创业，方向永远是我第一考虑的**。我有什么样的资源，能撬动什么样的资源，能够做什么样的事情，什么样的市场，这些因素要和我的能力匹配。

殷建松　　我同意前面两位嘉宾讲的，创业肯定是越来越难，竞争也越来越激烈。但过去创业也是很难，马斯克这么优秀的创业者都觉得创业很难，更不要说我们普通人。

关键是要从实践中学习如何创业。你失败9次之后就有机会胜利了。有一本书讲美团的王兴，书名就叫《九败一胜》，我觉得非常形象，一定要去实践。

今天创业跟创作是越来越像。我的创业课上要求学生一起创作电子书，一起创作软件，一起创作项目。为什么要用创作来取代创业呢？

因为对学生来说，线下行业不适合，最好做的还是数字创业。数字创业不受疫情影响，可以跨越时空。所以我鼓励学生一定要做 3C 作品。

闫　辉　　我自己也做过两个创业项目，非常同意几位嘉宾的分享。程序员构建产品相对容易，自己就能做，但除此之外，还要推广、找合伙人、做商业模式。

刘昊臻　　我一直是这样的思考模式：**创业不是要开个公司，而是要把自己经营好**。我就是一个叫刘昊臻的公司，我有什么资源，我能够产生什么价值。所以，收益不仅仅是来自金钱，而且可以丰富我的人生经历，不枉世上走一遭。

运营个体，你需要发挥想象力，有什么特长，怎么做比较开心。创业一旦做大，其实是痛苦的，因为会有欲望和追求，就像驴前面挂一个胡萝卜，你会一直追求。

所以对个体来说，最难的能力叫选择。选择前要先有选择的意识，有选择意识的前提是有充分的信息。

我创业差不多十年时间，会重视工作和生活的平衡，不然创业会让你崩溃，很难坚持。一件事如果不能够让你半夜跳起来，觉得很有激情，就应该停一下。

陈顺利　　我做程序员很多年，经常会陷入局部最优解里面，这很危险。就像阿基米德临死的时候还在思考图纸，外面发生了多少危险都会忽略掉，程序员特别容易陷入这种状态。

我现在的体会是：第一，要有思考商业化的能力。创业公司就是市场中的小经济齿轮，要形成生态循环才能生存下去。第二，程序员需要有投资人视角。投资人看待问题的视角还是跟程序员完全不一样。第三，创业本质上就是一个全能者、通才的马拉松，需要综合能力，不仅仅是技术。

殷建松 　　如果要列举一个创业者应该具备哪些能力要素,这个清单就太长了,如好奇心、会做决断、会用人、会销售产品等。把这些条件放到人群里去,筛选一下,创业者就很少很少。

　　我建议程序员不要只在公司里面待着,要走出去和别人一起吃饭,要去参加一些和原来工作生活没有关系的圈子,如周末去看话剧、参加户外活动、听听播客节目、翻翻你根本不会看的杂志。**程序员朋友,不要生活在 0 和 1 的世界里太久,否则情感很容易陷入机械化的思维中。**

　　这个时代既要低头把根扎得很深,又要抬头看路。因为世界正在发生一些变化。

闫　辉 　　创业这个话题确实太大了,我们多少期都做不完,希望三位嘉宾每个人对程序员讲一句话。

刘昊臻 　　创业只需要走一步而已,很多小步慢慢踏过去,想清楚自己想要什么,会让生活变得和原来不那么一样。

陈顺利 　　做起来,然后目标才会越来越清晰。很多东西你刚开始不会,但只要心脏足够强,坚持下去没有你学不会的东西。

殷建松 　　我们之前创业早餐会上经常喊一句口号:创业一时爽,一直创业一直爽,希望大家一直爽。

华人
程序员如何在硅谷创业创富

关键对话 人物

叶 忻　　毕业于清华大学，获理科学士学位；后在美国威斯康星 Marquette 大学获得计算机科学硕士学位。硅谷投资人，目前在北京和硅谷帮助创业公司。曾创建架势无线——中国最早的移动广告网络。曾担任微软在中国的第一个合资公司 Censoft 的 CTO（首席技术官）。曾在搜狐担任 CTO，并曾在多家硅谷公司包括 Tibco 和 Marimba 等供职，在产品开发、技术销售和商业拓展等方面有着多年的丰富经验。也曾参与创建汉星天企业软件，以及天使投资 2B 网络和手机游戏等公司。

王若愚　　2011 年加入创新工场，并联合创立了创投圈 vc.cn、中国的 Angelist 和 Crunchbase。

2018 年在硅谷联合创立 Workstream，通过构建 SaaS 产品帮助数千万灵活用工者快速找到合适的工作并入职，同时帮助数万线下商家快速招聘，提升商业运营效率。Workstream 在过去 4 年多累计融资 1 亿美元。

明方全

Saltalk 创始人兼 CEO。湖北人，曾在美国导航科技公司 Telennav 上海总部担任软件架构师，2013 年移居美国，创业初衷希望把最地道的美味带给本地消费者，希望在北美打造美食界中的 Shopify。Saltalk 成立于 2017 年，总部位于美国硅谷，是一家集云厨房和电商为一体的平台。Saltalk 通过搭建云厨房和 SaaS 管理服务，上游资源端云集厨师、食材供应资源，下游可为企业端用户提供灵活的选餐、送餐配送服务。最近一轮宣布完成 800 万美元 A 轮融资，累计融资上千万美元。

关键对话 内容

程序员出身的创业者非常多,之前我们主要报道在国内的创业者。但是,随着全球化的发展,越来越多的华人创业者在硅谷也取得了巨大的成就。他们的创业项目直接面向全球市场,团队也是全球人才加入。为了了解这一趋势,我们特别邀请到几位程序员出身,并且在硅谷进行创业和投资的嘉宾,一起分享硅谷创业创富的故事和体会。

闫 辉 欢迎大家继续观看《程序员创富》系列对话。今天的主题是硅谷创业的华人程序员。我们邀请的几位嘉宾是在硅谷的创业者和投资人,在这里和大家分享硅谷创业的点点滴滴。先请几位嘉宾介绍一下自己。

叶 忻 感谢老朋友的邀请,我是在中国学的计算机,在美国念的研究生,在美国创业、工作很久。2000年回到中国和张朝阳一起做搜狐,后来参与过中关村软件。在中国支持和做过很多软件的创业。我现在主要做天使投资,在硅谷也帮一些 VC 看项目。我希望能帮创业公司提供一些经验和人脉关系,很高兴跟大家交流,希望有机会合作。

明方全 我之前在上海读书,后来在计算机软件学院学习,毕业后进入一家美国公司的上海分公司。2013年到美国做程序员。2018年出来创业做了 Saltalk 云厨房,给厨师创造各样的条件,帮他们做销售、市场,让厨师聚焦在食物本身。

王若愚　　我是 2011 年毕业后在北京创业了五年，在创新工场跟李开复老师做其中的一个项目，后来在中关村创业大街创业。然后我又在美国念书，接着在美国继续创业创立了 Workstream 公司。这家公司主要是针对蓝领用工荒问题，因为白领职业求职已经解决得很好，而蓝领用工问题还没有完全被解决，所以希望用科技赋能蓝领招聘市场。

闫　辉　　我看到若愚在硅谷的创业项目做得很好，融了上亿美元。明总的 Saltalk 也融了上千万美元。请问两位创业者，你们当时的项目是如何启动的？

明方全　　因为我是湖北人，喜欢吃辣的，但在湾区很难找到吃辣的地方，所以自己做剁椒酱到网上卖，周末两天就卖了七八千美元，销售额还挺高，完全在意料之外。于是我联系身边的朋友，每个人做一个菜在网上销售，基本上每次都能稳定在七八千美元。

但这种模式也遇到一些问题，首先在家做饭不合法，其次产能有限，第三是大家都是凭爱好做，并不是真的想通过这个赚钱。正好有个朋友在装修奶茶店，分了一半转给我们做云厨房。从 2018 年 4 月，第一个厨房开始，六七个月后就能每月销售额到 15 万美元。2019 年年底疫情来了，因为之前是 toB 模式，对我们冲击很大。于是调整为 toC，给厨师提供厨房。我们的第一个厨房租给四个厨师，短短一个月保证每个厨师能做到两三万美元，现在处于供不应求的状态，排队的厨师有几十个。今年 3 月新的融资完成，做了第二个厨房，还在准备第三、第四个。

王若愚　　我在硅谷的创业开始很有趣。

我和合伙人为了理解市场需要什么，和数百个潜在客户聊，从小到路边餐馆负责人，大到星巴克和 GE（通用电气）高管。聊了一圈，我们发现 2017 年星巴克还在用 Excel 做招聘管理，员工的平均离职时间是 8 个月，门店离职率极高，招聘人员的压力巨大。GE 也很离谱，用 Outlook 这样的邮件工具来管理 4 万人的简历。这些业界最发达的大公司的招聘后台非常简陋，可能是一个大学生写的简单后台，更不用说路边的小餐馆。我的合伙人在大学开过一家泰国餐厅，他自己招聘管理过 20 多个小时工，他父母也是一直做零工，知道招人管理非常艰难。

这是一个长达几十年的痛点，而且背后市场非常大，全球有 27 亿的蓝领工人，他们不在桌子前，没有 PC，也没有工具来获取知识，快速成长。过去几十年科技的进化带来分工的改变，过去一个流程有 10 步，需要 10 个人来做。有了计算机只需要 5 个人，每个人可以做两步。我们要面向 20 多亿用户，通过科技来给他们赋能。有了一套算法，有强大的供给，可以让蓝领也有机会赚到更多的钱。

我的合伙人说这个事情 30 年居然还没有人解决，我们来做吧。所以我们就从蓝领招聘做起，解决供需两端的匹配。

叶 忻　我看的项目科技类的多一些，如做数据库、大数据挖掘等。明总和若愚的项目是更有意义的一种创业，而且把国内的创业经验拿到硅谷，两个模式是非常好的。明总已经在美国待了很久了，他的创业与硅谷任何一个创业都没有太大区别。

闫 辉　对任何一个创业项目，找到了方向，接下来就是要搭建团队。作为一个华人程序员创业者，如何在硅谷组建团队呢？

明方全　我的项目比较特殊，只有我一个创始人。因为我没有在美国读书，工作的时候也是做开发，我认识的人大部分都是技术人员，没有互补的合伙人。

但在创业过程中，我努力把团队中的每个人向这个方向培养。

文化方面，首先是对整个团队保持透明；第二保持同理心；第三个就是诚实，这和国内的传统文化很接近。

现在团队中有 6～8 个人，每个人负责一块业务。有从亚马逊过来做运营的，还有高中就过来的巴基斯坦亚裔，负责产品的是印度人，还有从苹果公司出来的人。大部分都是在美国出生，算是第二、第三代移民。我现在努力地把团队成员变成比较核心的人员。

王若愚 　构建团队是创业最难的一个点。我的理解是构建团队需要和公司战略、愿景、增长策略相匹配，需要寻找契合度。

绝大多数创业公司压根儿难以成长到有愿景的阶段。**没有愿景的时候，其实是不知道如何构建团队的。愿景不够大，根本吸引不来高级人才，也不需要高级别的人才。**

第一个挡路虎是能不能找到市场真正需要的产品，然后能不能拓展出宏大而又有意义的愿景，愿景的天花板定义了能找到人的上限。

在硅谷或中国，真正顶尖的人才，一方面他们需要好的薪资和股份，但真正让他们相信的是你的愿景和故事。因为他们在谷歌这些公司赚的足够多，工程师年薪可能有大几十万，甚至上百万美元。

有愿景、有钱之前是一个很长的过程，这个过程特别依赖几个创始人的能力。所以几个人一定要能力互补，充分透明也确实重要。创业不是过家家，不是你好我好大家好，保持透明才能成长。

叶忻 　我在硅谷这么多年，参与的几个创业公司都融了很多钱，产品和市场都还可以。硅谷创业还是不同文化的挑战，美国是白人的文化，欧洲的公司对我们来说，都是外国人，但他们是很不一样的。法国人有法国人的特点，以色列人有以色列人的特点，东欧有很多的俄罗斯背景的文化。

产品和业务做出来，要发展到下一个层次，肯定是要做商务拓展、战略合作、融资、市场、定位和宣传等，不同的时期、不同的资金、不同的需求，需要找不同的人进来。

闫　辉　　创业定方向之后，就是找人和找钱，两位创业者可以谈谈你们的融资过程是怎样的吗？

明方全　　我之前就职的公司 CEO 给我帮助很大，他也是天使投资人，他自己的公司也上市了。经过他的推荐，慢慢我认识了其他投资人。

融资过程主要看处于什么阶段，除了背景，还是要把产品和服务做好。只要拿个几十万元，把想法能做出一个模型，每一个阶段去迭代，在迭代的过程中有目标，只要目标达到，融资不是特别大的一个问题。我们的项目一开始就是赚钱的，只是因为疫情，拿到 A 轮耽搁了两年。

王若愚　　我认为融资是构建人脉的最好方式。**融资的过程实际上是拓展人脉和圈子最佳的一个方式，因为创业者有很强的立场，有更多的人愿意来跟你聊。**

谷歌的工程师，虽然技术非常牛，但除了聊技术，也没有更多的话题，他们认识的可能只是 Facebook 或者亚马逊的工程师。但如果你是创业者，能聊的人得多很多。

真正给我们天使投资支票的是袁征（Eric Yuan），就是 Zoom 的创始人，他应该是全美最好、最成功的华人创业者。他给我们天使投资之后，也会带我们认识很多其他投资人，而且别人也会更加愿意来听我们的项目。

我们上一轮融资里面，高瓴资本投我们，也是袁征推荐的。有一群在北美特别成功的华人创业者，他们有一个圈子，基本上会互相介绍项目。如果能得到他们的投资，人脉会非常广。

美国硅谷的好处是可以认识到全世界各个地方的投资人。我们的投资人有印度人、巴基斯坦人、美国人、欧洲人。通过一个人可以认识另外一个人，最后全硅谷顶尖的 VC 和 PE（私募股权投资）我们几乎都见过了。现在，**北美 VC 对于华人创业者的接受度是很高的，因为华人很勤奋，技术能力又很强，做事的干劲又很大，又很想做成功，一点都不佛系。**我的合伙人专门选择了一个 996 的门牌号来鞭策自己。很多 VC 非常愿意投华人创业者。所以加入一个北美创业公司是挺有意思的，很便于打开社交局面。

融资本身就是很好的拓展人脉的方式。一旦你开始创业，就不再那么神秘了，最终看的还是你的项目是什么，市场有多大，能创造多大的价值，这些问题才是关键。

叶 忻 非常恭喜两位创业者的公司获得投资。华人在美国创业确实经过了很艰苦的一段日期，以前大家不认可。20 多年前，我在美国帮张朝阳为搜狐融资，还需要找一个借口和投资人见面。Zoom 最初融资的时候也非常不顺利，因为当时他做的事情大家看不懂，他也是从中国来，在美国没念过书，没有人脉。

这 20 年变化非常大。我回到硅谷后，经常把一些朋友介绍给大陆来的创业者，还有硅谷各种各样的协会。现在，大陆华人创业者有很好的机会接触到世界一流顶尖的风投，因为第一批华人创业者也成了投资人，可以先找自己人。大陆顶尖的 VC 也都在硅谷，我看到很多华人的老朋友。犹太人的创业项目先找犹太人的 VC 去投，我们大陆的创业者也可以找大陆背景的 VC，容易沟通。

现在的美元基金，因为中美关系的问题，希望找一些有中国创业者背景，同时产品和服务面向全世界的项目。这两位创业者的项目，就是一个硅谷项目，不局限在中国市场，非常好。

闫 辉 除了找钱这样专业的问题，程序员更关注技术。你们的创业项目背后会用到什么样的技术？硅谷用的技术栈有什么特点？

明方全 我们使用的技术除了推荐算法，其他后端等技术用的还是比较传统和稳定的技术。我们的推荐引擎主要是要解决500道菜的选择问题，如何让用户快速选择到喜欢吃、符合胃口的菜，这是最重要的核心。我们的产品数量不大，同时库存小产能有限，我们不能把一个菜给推荐给很多人，库存限制是其中的复杂度所在。

王若愚 其实中国有很多先进的技术栈，尤其是互联网项目并没有特别本质的区别。前端移动端区别也不大，没有本质区别。

首先，更多是工具的使用差异。如中国大多数用阿里云，北美通常用AWS。AWS更好一些，如云原生这样的技术更容易使用，数据库能实现非常自动化的伸缩，让创业团队能够在早期构建一个更具有弹性的解决方案。

其次，还有一个本质的不同，就是北美的集成Integration非常发达。

中国互联网的特点是赢者通吃，无论阿里巴巴，还是腾讯。从头做到尾，从流量的开端一直做到后面的很长尾的应用，创业公司只能成为其生态中的一环，不可能和他们有平等关系。

但北美有大量的公司做成熟的独立服务，北美做任何互联网产品，尤其是SaaS类产品，都要与第三方大量集成。像我们做HR（人力资源）相关产品，直接竞争对手也会互相集成，北美的最大几个玩家居然会相互集成。如去一个网站投简历，职位可能来自另外一个网站。所以需要大量的异步API调用，与第三方数据的同步。这在中国是不可能看到的。

从技术角度讲，这是特别大的思维差异。**在中国创业，如果产品逻辑和技术不能营造流量优势，几乎不可能做下去。除非完全依附某个生态，如支付宝或微信，但大多数产品必须要获得流量优势。**

北美很不一样，完全可以做中间层的产品，上游可以提供流量，下游可以提供工具，中间还有人提供其他能力。

这对创业者来讲很友好，不需要把所有数据模型都设计好，而是可以先用市面上的第三方 API 快速把 MVP（最小可行产品）原型做出来。

叶 忻 我虽然以前也是程序员出身，但这些年主要做综合管理和项目。从大的方向看，我比较倾向于公司要用开源和免费的工具，而不要在某个大厂的平台环境下去开发核心软件。

闫 辉 创业除了定方向、找人找钱，构建产品之后就是流量和获取用户。在硅谷创业，有哪些获取用户的方式？

明方全 用户分几种，一种是自己进来。我们需要通过各种办法让朋友推荐。第二种通过做广告，如社交媒体的广告推广。但对于创业公司，我不建议在 MVP 没准备好之前就做广告推广。

我们要找那种效率比较高、获客成本低的方式。刚开始我们就是做地推，O2O 服务之前在美国比较少，找地推人员找不到。于是我们就自己去跑地推，和国内一样，每家每户敲门。因为我们做的是 B2B 的业务，地推效果挺好，通过地推和发传单，让我们在几个月内就快速获得了 100 多家企业客户。然后慢慢积累做一些推广。现在我们也赞助一些会议，效果比较好。但这种方式刚开始并不推荐。美国还比较流行打电话和发邮件，我们没有用，因为费用比较高。

我的建议是，大家要先打造自己的 MVP，**刚开始最好不要花钱推广，因为一旦花钱你就无法判断你做的产品是对的还是错的，有可能让你迷失，花钱获取的用户其实不是最好的客户。**

我们几个人在短短 4 个月时间内拉了上百家企业客户，这个效率挺高了。但这也需要一点勇气，因为在疫情期间，很多公司看到你敲门,不让你进来,甚至会叫保安。最终是看你有没有信心打动客户。

王若愚　　能跑出来的公司玩法都一样,我们也地推。中国的O2O在消费科技如何启动方面,领先全世界。

早期,我们所有团队不管做技术还是做运营,在十字路口四散开,一家家地敲门问对方"你们招人吗""能跟招聘经理聊聊吗",然后要到名片和职位申请表。一天敲几十个门,拿到一摞名片回来,然后CEO(首席执行官)拿起电话全部打一遍,早期就是这么干的。

我们2018年1月发布第1版,到4月份就有了10个付费客户。招聘服务要拿到付费客户是很难的,因为它是端到端的解决方案,要实现招聘结果,流程是比较烦琐的。从开始获得源头人才,到过滤人员约面试,还要让他们来面试,最后还要签录用通知,入职还有一堆手续,流程非常长。所以4个月有10个付费客户是非常艰难的。

第二步比较难的就是如何扩张。我的理解是千万不要试图砸钱,因为钱是倍增器,如果你的基础很小的话,怎么砸钱都没有用的。**只有找到了一个可以倍增的方法,在这个基础上砸钱才会有显著的效果。**如果你能找到一个合适的渠道,就能够很快地推出去。

我们找到的一个渠道是北美连锁经营的餐饮店。这是一个很有意思的渠道,如汉堡王是一个典型的规模很大的公司,有两三千家店,但你不需要从上到下,而是可以自下而上销售,因为每个店的运作模式很接近,招的职位一样,招聘流程也一样,需要的人的能力也一样。所以我们在2021年1月搞定了一家汉堡王后,6月我们就有700家汉堡王店客户。品牌内部的口碑传播可以让我们快速复制。

当然,我们也尝试过其他方式,如北美习惯写信、写邮件,我们也都尝试过,一个渠道一个渠道地分析,分析需要投入的资源和获客的转化率。

叶　忻　　这就是中国互联网的推广经验已经传回到美国了，这两天拼多多也开始在美国推产品，很多打法也是**在中国验证的 toC 打法，在美国也很管用**。中国的竞争环境锻炼出来了非常好的运营团队，包括 TikTok 在美国和全球的运营也非常成功。虽然我觉得在美国做 toC 的产品比做 toB 的产品容易一些，但还是恭喜两位创业者做得很好。

闫　辉　　如果国内的程序员对加入华人的硅谷创业项目感兴趣，有什么方法参与到硅谷的创业项目中？

明方全　　国内程序员想在美国找工作，其实有各种各样的渠道。现在参与比以前要简单很多，以前要人在美国，现在都不需要了，很方便。

王若愚　　我现在看到，硅谷的华人创业企业肯定会来中国招人。**很多人说是因为汇率的差异，在中国招程序员便宜，我认为更重要的是国内工程师见过很多不一样的场景。**

例如，抖音在中国约 14 亿的用户中训练出了深度学习的大模型，这在全球也是所向无敌的。这样级别的数据量和深度学习模型，不是所有地方的人都见过和经历过的。

所以国内人才池子非常大，现在不止华人的公司，我听到很多北美的企业也希望来中国招人。过去他们更多是去印度，今天也希望来中国。

因为中国消费科技，包括移动互联网、电子商务跑得很快，培养出了海量的优秀工程师。创业公司更需要有干劲的人才，而且不太可能跟谷歌这种欧美大厂正面抢人，所以一定会从全球范围内获取优质人才。

所以，大家可以去关注刚刚兴起的 A 轮、B 轮的创业公司，这样的公司通常会有很多远程职位，他们的官网都是开放的，通过科技媒体看到公司名称搜索他们的官网，通常都有招聘职位列表，只要上面写着 remote 或者与地理无关，都可以去看一看。还有很多远程工作的网站，只要参与一下，你就会感觉到它的工作方式，先慢慢尝试适应这种全球协作的文化，之后说不定就可以肉身去硅谷。

叶忻 硅谷也是有周期的，这段时间美国很多的企业也在裁员。硅谷这边大陆来的创业者还是非常团结的，由于可以远程工作，加上一些华人工程师已经慢慢进入技术管理层，美国的招聘经理也更倾向于华人。中国的创业者和程序员要抓住这个机会，软件工程师创业者要有全球的视野，我也希望帮助大家，让中国的创业者在全球发展。

闫辉 硅谷创业其实是特别大的话题，我们今天只能笼统地让大家产生粗略的认知。如果感兴趣，可以通过公众号和其他渠道做更深度的了解。请三位嘉宾给我们的程序员朋友总结一下。

明方全 只要坚信自己能做点事情，那就去做。做成和做不成，唯一的差别就是体验会不一样，还是要多多尝试。

王若愚 做技术是很幸福的，要珍惜在你创业之前做技术的时光。一旦上了贼船，跑去创业，一旦公司不小心有点规模，以后就没有写代码那么好玩了。所以珍惜现在写代码的时光，不放弃寻找机会。

叶忻 我也是程序员出身，做软件工作是一个有点艺术家感觉的创作，数字化转型等会产生很多机会。希望大家抓住这些机会，不断尝试，创造出更成功的下一代中国软件工程师创业的企业。

程序员
创业如何避免踩坑

关键对话 人物

桂曙光

京北投资创始合伙人，6 年新能源产业运营管理经历和 16 年科技领域股权投资、融资、并购及上市经验，为众多创业公司提供过战略、产品、市场等方面咨询服务。

京北投资是一家早期投资机构，管理早期直投基金，关注科技创新领域，已投资 50 多家公司；京北投资同时还管理三期早期母基金，参与投资了 20 支早期投资基金，覆盖 500 多家创业公司，其中在海内外资本市场上市 10 多家。

在清华大学、中国科学院大学等高校提供资本运营、创业管理方面的课程，也在喜马拉雅、今日头条、新浪微博、微信视频号等平台输出创业及投资相关语音/视频内容，出版《创业之初你不可不知的融资知识：寻找风险投资全揭秘》《股权融资：创业与风险投资》；编著《投资人：从 0 到 1，如何投出伟大公司》《天使说：从 1 到 N 的投资法则》；译著《如何吸引天使投资》《风投的技术》《超级天使投资》《科技创投启示录》《创业清单》《创业唯快不破》《天使投资实录》《Facebook》《私募股权：从风险投资到杠杆收购》等。

张　虎

深圳市微智云科技有限公司 CEO，有十几年的软件研发经验，目前致力于物联网系统方案和人工智能领域。曾任职于华为、Oracle，熟悉通信、虚拟化、云服务等领域的产品，Oracle VM 创始团队成员。2010 年，作为 CTO，创立国内最早的手机 App 推送服务——极光推送，主导产品定义、开发和宣传。

内容 关键对话

随着科技的不断发展，越来越多的程序员开始考虑创业的道路，希望能够将自己的技术和创新想法转化为商业成功。然而，在这条道路上，很容易踩进各种坑里。这些坑包括技术上的挑战、市场营销、法律合规等。因此，作为一名有经验的程序员或创业者，必须意识到这些风险，并采取措施来避免它们。本对话将探讨程序员创业的挑战，并提供一些实用的建议，帮助程序员避免踩进这些坑里。

闫 辉 互联网中技术人创业是很多程序员会走上的道路，今天我们邀请到嘉宾来探讨创业中会遇到的问题，以及如何少踩坑。

桂曙光 大家好，我是京北投资的合伙人，京北投资主要做早期投资，我本人也投过很多早期创业企业，而且基本上都是偏技术型的。我们很少投纯模式型的创业。所以，对技术人员创业的问题有很多感触，也看到很多早期企业因为各种问题死掉。很多投资人不愿意讲惨痛的经历，但我们可以拿一些案例出来分享。

张 虎 我是大学毕业就一直写代码，从嵌入式系统到通信模块，各种驱动程序，后来又去 Oracle 写虚拟化的软件。2011 年我开始创业做了极光推送，这家公司现在还在，我是创始人兼 CTO，整个想法都是我思考出来的，最早的第一个版本也是我徒手撸出来的。2013 年我离开极光推送开始做现在这家微智云公司，是想给物联网智能硬件提供一个平台。

我出来创业做的这两家公司，应该说第一家有点成功，第二家到目前为止不算很成功。所以，我也希望分享一些我创业时做的决策，以及踩过的一些坑。

闫　辉　　我先问一个问题，你认为创业最重要的是学习成功经验还是学习错误的教训？

桂曙光　　从底层根本逻辑上，肯定要学习成功经验。例如，底层逻辑就是创业要解决一个问题，解决用户的痛点，给用户创造价值，这是要学习的，不管大公司，还是小创业公司，都是找到一个市场痛点，通过技术方法做产品展现，解决用户痛点，获得价值，然后市场有用户买单，有收入有利润。

失败的教训也要学习，但不是学习方法论，而是别人走过的路上有哪些错误的做法，如招人招的不对、股权结构设置不合理、团队配合上有哪些不好的做法，这些都是坑。对于创业者来说，不要再走一遍，因为没有必要，如果你能规避很多错误，就可能活下来。

别人走过的错路，我们就不要走了。对于创业企业，在细小的操作层面上的一些事情，一定要多吸取别人的失败教训。

有人说，**失败是成功之母，成功是成功之父**。操作层面，多看**别人失败的做法，底层逻辑上要多看其他公司是如何成功的**。

这是我的观点，不一定对。

张　虎　　我说一些比较粗浅的认知。

很多技术人创业时都会有个误区：觉得做一个产品比别人好，就可以来创业。其实市场是很残酷的，你需要思考，这个产品在市场上到底有什么价值，如果已经有玩家了，为什么你还能做这件事情。如果想不清楚，茫然做一件事情，可能很难成。

我们当时做极光推送的时候，至少和七八十个投资人聊过，他们经常反问：这件事情真的有价值吗？如果有价值，为什么轮到你们做？难道不是BAT（Baidu、Alibaba、Tencent）来做，或者运营商来做吗？我当时是有自己的判断，运营商没有动力做，因为他们躺着赚钱，而BAT几家公司做这样的事情又太小，只要我们抓住提前量，把这件事情做到绝对领先就可以成立。事实也证明了我的判断。

我做物联网平台是因为我在深圳待了很多年，我知道做硬件的人做平台的能力很弱，我想如果做一个平台给他们使用，理论上应该成立。

但是，后来我发现了一个问题：深圳这些做硬件的毛利都很低。一个设备卖出去毛利就两三元，你一年收1元，对他们来说都贵，所以这个方向特别难。做物联网平台的市场上有几家比较成功，他们的打法也很简单，就是用廉价的模块去抢市场，根本不谈平台，也不谈收多少钱，等圈进来之后，一年后再收钱。虽然吃相难看，但比较成功。

所以，就算底层基础层面思考是对的，但具体执行的时候，也要看每个决策的效果。我们刚开始很傲慢，觉得产品是最好的，客户没有理由不用我们的，但经过几年发现，大家都很难，他们的平台很难用，我们的日子也不好过。

闫 辉　　我创业的时候，经常看YC创始人的文章，里面经常会有一些创业的经验和总结建议，很多建议非常直接，对我启发很大。桂总出版过很多关于创业的书籍，最近我看到微博上你在分享一本正在翻译的创业书，你为什么做这件事情？

桂曙光　　我最近在翻译一本书是Waze的创始人写的他们的创业故

事。Waze 做的是众包地图，这家公司后来以 11.5 亿美元卖给了 Google，成功之后就把自己的经验分享出来。

其实国内地图都有类似的功能，就是查看某条道路或者某个位置是否拥堵，但国外没有，所以 Waze 做的就是众包地图，地图一开始是空的，根据每个人的轨迹走，人多了地图就形成了。

作者为什么会有这个想法？因为他们一家人去度假，回程的时候发现几条路，不知道如何选择，当时因为有些朋友和亲戚在前面走，所以打电话问了一下才选择了路线。他当时就思考为什么不能把这些信息放在手机上，让其他人能够实时看到。

这个创始人基于自己的一个困扰，找到一个解决方案，然后认为有价值，于是开始了这个创业项目。他的实现方案也很有意思，不是和其他人一样做地图绘制，因为太贵了，创业者买不起。他的思考是路可以通过车跑出来，用众包的方式，形成交通实时信息。

我讲这个案例，想说明**很多时候最厉害的技术不一定是最广泛得到应用的技术，只要拿出可靠的技术抓住市场，能服务用户就可以**。首先要想的不是模式或者技术有多牛，而是面对的问题是不是真的痛点，用户是不是真的很困扰，是不是能够养出一个大公司。

这个创始人并不擅长技术，于是就在各种技术网站找做地图方面的程序员聊天，后来发现有人也想做这件事情。于是自己做 CEO，找了两个技术合伙人创业。

闫 辉 因为我也做过两次创业，对于痛点也很有感触，但同时也困惑的一点是痛点和伪需求的区分。

例如，我第二个创业项目做的是养生健康类的 App，因为自己颈椎有问题，而且发现很多程序员读书都从入门到精通，最后需要拥有一本《颈椎病恢复指南》。我觉得这是一个痛点。

于是我想到 Keep，想模仿 Keep 做一个面向办公室人群亚健康的养生 App。但后来这个项目被停掉了，原因是有个投资人对我说了一句话，我没有办法回答。对方的问题是：一个人之所以出现亚健康，往往是因为不运动，而你又做了一个运动的 App，是不是有悖论？

后来我分析，或许办公室人员的亚健康，如颈椎病、腰椎疼确实是痛点，但对于这个痛点的解决方案有很多，大部分人选择去按摩，揉一下就可以缓解，不少人很难有动力做恢复性运动。

张　虎　　这方面我觉得创业者要观察媒体上的内容，不能百分百相信，有人说 Keep 的数据并不好，只是宣传做得很好。

对于判断一个需求是真需求还是伪需求，很难总结出一个简单的标准。如运动手表，你也不能说是伪需求，但真正有运动习惯的人，其实有很多其他的解决方案。

很多解决方案是利用了人性的弱点，而不是挑战人性。例如，减肥方面就有很多类似的产品。所以，我们判断一个解决方案是否可行，可以从是否违背人性方面做区分，如有个瘦身方案，每天跑 10 000 米，所有人知道这是对的，但很难做起来。

此外，有些需求免费有人用，但一旦要钱，这个需求还能否存在？例如我们物联网平台，免费给对方使用当然很好，但一台一年给 1 元，对方心里就打鼓了。

所以，我认为**判断真需求和伪需求，第一是从人性角度看，有没有违背人性；第二就是客户愿不愿意付费。**

我们当时做极光推送，判断很简单。任何一个 App 都需要推送，但如果自己做推送，至少要一两个星期。所以，我们的解决方案就是：让开发者从 SDK（软件开发工具包）下载文档到测试环境，一分钟之内搞定推送。而且当时我们对小型开发者不收费，实际上节约了他们很多时间。

桂曙光　　我们投了一个做智能硬件的企业。他们之前在北京，后来去了深圳，然后告诉我在北京白混了 5 年。他们做的产品是野外做位置跟踪的硬件，这个产品在国外是 toC 的，主要是给打猎的人用，把产品系在宠物猎犬的脖子上，可以跟踪宠物的位置。但是这个产品在国内卖不动，因为国内没有那么多人打猎，而且国内信号好。

那谁有类似野外定位的需求呢？后来他们找到一个特别有意思的群体，就是石油电力的野外作业人员，因为这些作业人员需要定位自己的固定资产，如塔、站、泵、阀门等，这些资产需要定期维护保养，所以需要这些作业人员定期巡检。

按道理说，石油电力这些大集团公司，创业公司很难卖给其产品和服务。不过这个创业者很强，他找到了特定的痛点和解决方案，竟然拿到了很多订单。

这个痛点就是这些作业人员的文化水平不高，北京总部即便做一个高大上的产品，界面很炫酷，但这些人不会使用，尤其是需要点击很多层的时候，作业人员很痛苦。于是他们开发了一个特别简单的系统，一个大界面上有几个大按钮，做好位置登记就可以了，可以导出数据进入大系统中。他的销售也不是从上到下，而是和小的子公司签约，一个人一年 20 元，还负责数据格式的导出和匹配。

这样，他们搞定了基层的作业人员，由作业人员影响最基层的组织买单。从 toC 的硬件业务变成了 toB 的软件服务。以前卖硬件，现在做 SaaS。

闫 辉 桂总的案例也让我有一些反思，很多理论讲的是先找到痛点，再做产品。表面上看，这个案例是先做了一个产品，再在市场上找谁有类似的痛点。但实际上是最早的硬件找不到场景，后面找到的痛点也不是硬件的痛点，而是作业人员设备录入的痛点，所以其实还是先找到某类人群的痛点，再给他们基于硬件做了一个解决方案。

另外还有一个角度，从底层上也存在科技驱动的因素。最早的科技产品是蒸汽机。最早发明的时候，其实也不知道做什么用。第一个场景是给煤矿排水，因为之前都是需要用马拉排水，所以蒸汽机的驱动力叫马力。但是蒸汽机发明之后，有人用来驱动火车，有人用来驱动轮船。

张　虎　　　发明蒸汽机确实是天才。但把蒸汽机用来织布，用在汽车、火车上是有迹可循的。我给自己的定位就是一个新技术出现之后，和原有的需求结合，产生一系列新的产品。**作为技术创业者，也可以学会思考新技术与现在的各种场景结合，会产生什么新的变革。**

这时候考验的不仅是思考够不够深，还有上手做实验的能力。例如，找一个院子，自己搭上四个轮子，放上蒸汽机跑一下。我认为，动手习惯也是非常重要的。

闫　辉　　　创业首先是找到痛点，然后提供更好的解决方案。接下来其实就该找钱了，很多书里面讲了如何融资的问题，这里面有什么坑？

桂曙光　　　我曾经写过一本书叫《创业之初你不可不知的融资知识：寻找风险投资全揭秘》，曾有位科学家出身的创业者买了一本带在身上，并找到我，当我讲到一些点时，他说你的书上不是这么说的。这已经不能说是严谨，只能说古板了。谈到合作条款的时候，就更严谨，一条条对照。商业是有灵活性的，很多技术类的创业者变通性比较差。

技术创业者在沟通技巧上可能也有所欠缺。很多技术人员强调自己技术的先进性，有多大覆盖面和成长空间，这就掉到技术为王的思维陷阱里面了。其实投资人关注的是技术做出的产品，然后拿用户数和增长趋势说话。

所以，我认为**技术创业者容易掉进的坑有两个：一个是比较固执的思维模式，一个是比较唯技术论。**

张 虎 对于找投资,我有自己的体会。

首先,找天使投资人的时候,要让自己的故事精练。我原来在给美国人打工的时候学会了一个道理:如果一件事情15分钟都讲不明白,这个事情继续往下讲就没有什么意义了。要么是你的故事没有讲好,要么你没有搞清楚别人的背景。我们需要用对方能听懂的语言把一个故事讲清楚。不管PPT还是短视频,或者文字,最好5分钟之内就应该讲清楚,最多15分钟讲完。

如果要充分利用有限的时间把故事讲清楚,逻辑就要很清晰,不要什么都想往上放,我见过很多类似这样犯错的场景。

早期找投资的人,还会经常犯一个错误,觉得没有讲清楚,回头再约时间。其实别人听完了没有反馈,有几种可能,一种是觉得没有前景,一种是不感兴趣,要不然就是对方不看这个方向。找天使投资人也要过滤,大家时间都很宝贵,如果对方不看这个方向,就是浪费双方的时间。

桂曙光 我之前发了一个微博,讲了几条建议:

第一条,几句话能说清楚的事情不要发大文件,你可以发微信或者语音讲清楚就好了。

第二条,网上能够说清楚的事情不要约线下见面。线下太浪费时间,网上开个视频,几分钟讲完,但线下加上通勤可能需要三个小时。

第三条,投资人不感兴趣了,不要追着他推荐。不感兴趣就是不感兴趣,他们也不会推荐给别的投资人,因为朋友的口味都差不多。

第四条,要保持一定的尊重。投资人和创业者是平等的关系,为了一个共同的目的,有可能走到一起,也有可能会分开。未来双方都可能会成功,日后好相见。

Waze A轮的时候融了很多钱,靠想法融了1 200万美元,但第二轮就不行了,因为数据不好看,以色列地方很小,其他国家都有自己的地图垄断者,也面临困境。

还好 Waze 找到了一个大金主微软。微软的 Bing 里面也有地图，也担心 Google 独大，所以必须要培养一个供应商，而且 Waze 当时用了一点小手段让高通参与了投资。有了这个钱，他们就去南美和巴西，这些地方人口多，逐渐把数据做好了。后来 Google 把他们收购了。

其中还有一个有意思的情节，就是苹果当年也高调亮相推出过地图，但过了一个星期之后用户吐槽苹果的地图，于是苹果 CEO 蒂姆·库克（Tim Cooker）推荐大家用 Waze，造成 Waze 下载量暴增，因为这个原因，这家公司专门设置了一个 Tim 日纪念这一事件。

闫辉 除了项目确定方向和找钱，找合伙人和团队组建方面肯定也有很多坑，大家可以谈谈。

桂曙光 Waze 创始人是一个组团队的高手。他投了很多公司，包括自己的公司都是找几个合伙人做的。因为他不精通技术，但模式上比较擅长，所以都是找人组团队。

他发现，不管公司成功还是失败，中途都会走一两个合伙人。于是他就询问公司的创始人，你是什么时候意识到某个人会走或者不适合自己创业团队的？很多人反馈，创业之前就觉得不是很合适，或者一个月之后就发现不对了。那为什么不开始让对方走呢？里面有很多人情的原因。虽然没有行动，但长期还是会分开，而且造成的损失更大。

因此，他有一个提议：**招人要慢，开人要快，这对创业者是伤害最小的做法。**

合伙人离开的股份处置问题，也需要提前做设计，基本上就是比较长的股份兑现机制。没有待够年头，就要把相应的股份留给剩下的人，这个机制在开始的时候就要设计好，保护继续创业的团队利益。

张　虎　　如果创始团队每个人的股份比例差不多,刚开始氛围还好,后面难免会出现各种情况,如想法不同,或者出现矛盾,因为同一个事情每个人的判断都不一样,这时就要求最大股东或控股股东做这个决策,否则很难长期维持。类似技术人员创业,很多人完全不懂这些,有时候纯粹是一股热情,这时就需要有专业的人来设计股份结构。

我朋友的公司也有类似场景,但他们分 AB 股,A 股有投票权,B 股没有投票权。虽然股份平均,但除了 CEO,技术合伙人和运营合伙人都是 B 股,没有投票权。

闫　辉　　最后请两位总结一下。

桂曙光　　我觉得还是回到开头的那句话:失败是成功之母,成功是成功之父。我们既要向成功的企业家学习当时如何找到这个方向,他成功的底层逻辑是什么。同时,又要学习他们曾经踩过的坑有哪些,我们少踩一点,前人给我们铺好了路,我们就不要去踩坑了。这样才能在不容易的创业环境和低成功率下,让自己走得更长久、更平稳,未来机会更大。

张　虎　　别人给你说的成功经验,未必真正管用。但别人在创业中踩过的坑,是有很大参考价值的。

创业者
如何做程序员培训创富

人物 关键对话

July   10年成人AI职教经验，北京理工大学校外导师，微软MVP兼CSDN技术专家，CSDN 2 000万PV博客"结构之法算法之道"博主，在AI圈内拥有极高的知名度。2012/2013年先后工作于PPS、CSDN，2015年创办七月在线，并于2018年获得上市集团好未来（学而思）千万投资，到2022年带队打造了350+的大厂技术专家讲师团队和150+的全球Top100高校研究员/博导的学术导师团队。

James   咕泡教育联合创始人兼CEO，技术人创业，曾任职于HP、大众点评、挖财，涉及外企、互联网等领域公司。

小 孟   CSDN博客专家，辗转过多家公司，从码农到项目主管到产品经理，走过了一个程序员的必经之路，目前为自由程序员。业务有自媒体、产品开发、线上教育。已经录制了大量的Java、Python、小程序、安卓教程，开源了大量的项目，每年开发大量的系统。全网粉丝30W+。

关键对话 内容

在当今社会，软件工程师是一种非常受欢迎的职业，并且对程序员的需求量在不断增加。因此，程序员培训可以帮助人们获得与软件工程相关的技能，使他们能够在这一领域中工作；也可以帮助人们提高自己的技能水平，从而使自己更具竞争力。这对于求职或者升职来说都是非常有利的。在一些新技术和新方法出现的时候，培训也是大家学习的一种方式。为了更好地探讨程序员培训的需求、机遇和挑战，我们邀请在培训领域深耕的三位嘉宾进行对话。

闫 辉 今天我们的主题是程序员培训，我们都知道程序员在培训和学习上花费的金钱和时间是最多的，而能够提供程序员培训服务的肯定也是程序员出身的创业者。

所以程序员培训创富这个主题有两层含义，一个是程序员通过培训获得技能提升，获得财富；另一个就是通过向程序员提供培训服务的创业获得财富。

July 我本身在 CSDN 上写了大概 12 年的博客，包括 AI 技术相关，还有笔试题、面试题之类的内容。2015 年，我创办了七月在线，专注成人 AI 技能教育。到现在为止有 8 个年头，今年在北京的基础上，在长沙也建立了第二个团队。在做培训服务的过程中有一些经验，也走过一些弯路，希望可以和大家分享。

James　我之前也是一个程序员，2017 年和三个师兄弟创办了这家培训公司，到现在也六年多的时间了。创业过程中也会经历很多事情，我们的大部分学员都是程序员，很高兴和大家交流。

小 孟　我也是一名程序员，做过项目主管和产品经理。在走过程序员的必经之路后，和小伙伴录制了一些开发相关的教程，包括 Java、PHP、小程序，安卓也开源了大量项目，帮助很多小伙伴学习。后来还录制了很多付费课程，主要的目标群体是大四要毕业的小伙伴，帮助他们解决面试、刷题、包装简历之类的事情。

闫 辉　大家之前都是做程序员，现在又做程序员培训相关的事情，中间发生了什么？怎么开始这个方向的？

July　小孟现在做的事情，和我 2012 年做的很接近。我当时就在 CSDN 写博客，我看到很多人要找工作，需要找一些公司的笔试题、面试题，而且要去大厂还需要做数据结构、算法方面的题目。于是我就整理了这些笔试题和面试题，分享一些参考答案。

　　在分享和学习的过程中，发现学校教的知识很多，但对于初学者而言，不太容易明白。于是我就把这些算法用比较通俗的语言写出来，初学者比较喜欢。

　　2012 年，机器学习比较热，当时主要应用在电商和搜索引擎等方向，于是我组织了一些大咖做分享，包括去一些高校做讲座。

　　当时我主要做三件事情：写博客、组织大咖分享、去高校做面试算法的讲座，其实都和教育培训相关。我自己也喜欢做这方面的分享和工作。后来，我觉得自己可专门组织一个团队，组织一些老师来系统化地做。于是 2014 年，我组织了两个博士，在中国科学院做线下的培训，做了大半年之后，感觉可以把这个事情扩大。

因为线下很难拓展，所以 2015 年我就转在线教育，做各种面试、找工作、数据结构、深度学习的一系列技术课程，这就是七月在线的起源。

James　　我经常开玩笑，做教育是天生的。因为我从小就在学校长大，我的父亲是英语老师，而且我读的是湖南师范大学的师范类专业，之后我又读了软件工程，现在又当老师。

比较幸运的是，我 2010 年毕业时，软件工程的本科还是比较吃得开，进入外企后我发现有大量培训的课程，非常兴奋，因为我找到了自己的兴趣点，我非常羡慕做讲座的讲师，也算是种下一颗种子。

现在，网上有各种技术分享，但 2010 年之前，很多人手里的技术都藏着掖着，不太愿意分享。

我非常乐于分享。2017 年，我突然发现，在线教育这种形式还可以这样讲课，另外当时我回到长沙结婚，不想找公司上班。因为从一线回来还是有些傲娇的。回长沙之前，我在上海和几个合伙人尝试了几个月，在没有品牌的情况下做课程还收到了钱，说明这个方向很有价值。于是就开始了创业做程序员培训服务，发现自己也很喜欢做这件事情，然后一直坚持了 6 年。

我觉得很多时候谈使命、愿景、价值观，并不是说给其他人的，而是说给自己的，因为你会遇到大大小小的各种问题，让你心累心碎，但要一直坚持向前走，就需要有意义和理由。

2017 年做程序员在线教育，其实是天时地利人和。当时知识付费已经被很多大平台教育过一遍了，大家愿意为知识付费，而且有了移动支付，享受了这样的红利，再加上我们一直定位在中高端，而没有做零基础的培训，所以也是幸运地避开了疫情带来的线下问题。

小　孟　　我也不是刻意去做程序员培训的，刚开始也是做一些开发的业务，包括接外包的项目开发。偶尔一个机会，我把曾经开发的比较好的项目做成了一个优质的课程分享出去，没想到反馈比较好。有了这样的正向反馈，我又陆续分享了很多课程。

录制课程特别费时间，于是找了两个比较擅长讲课的小伙伴，我帮他们把核心技术列出来，让他们研究项目讲课。

我们定位在大四的学生，因为经常和他们以及大学老师交流，发现现在大学教育的内容特别陈旧，学到的技术和企业要求不能挂钩，都是一些企业根本不会用到的被淘汰的技术。我们做的课程和项目可以让学生少走弯路，提高自己的技术。

我刚开始在 CSDN 写博客的时候，通过分享也收到很多正向反馈，这和程序员的产品上线的快乐不一样，还有一些学生反馈做的课程帮助他获得了 offer，这也是一种快乐。这些都激励我继续做在线教育。

闫　辉　从大家的讲述来看，面向的群体并不一样。请大家具体谈谈学员的画像，以及他们的痛点。

July　我们的课程经过这么多年，服务范围比较广，学员大概有三类群体。

第一类是研究生就业找工作。现在很多公司对 AI 工程师还是有学历要求的，一般都需要研究生。

第二类是已经在公司里面做 AI 相关技术的工程师，如做 CV（计算机视觉）或者做推荐系统，他们想进一步再提升。

第三类就是之前做其他技术的工程师，如 Python、Java、C++ 的同学希望转到 AI 这个技术赛道。

有些学员是为了学术，有些是工业路线。今年我们还增加了论文和留学方面的课程。

James   我们创业时候做的是 Java 板块，我们的学员基本上都是在职的，95% 都是北上广深的程序员。

因为行业对程序员的需求量很大，所以很多程序员不管学历好不好，技术好不好，只要能干活，培训出来每月就有上万元的薪资。很多小伙伴的基础知识并不牢固，或者有一些从其他行业转行的人员，底子更差。如果一直这样，未来的成长就很困难。

我们的使命是让程序员能够在职业生涯中不留遗憾，我们定义的课程基本上是对照阿里的 P5、P6、P7 这样的级别。首先帮助程序员把各种曾经的概念定义清楚，能力和技术的深度要达到什么层次，覆盖哪些技术点，然后我们用自己的内容体系来帮助程序员打造这样的能力。

我们是从职业生涯角度帮助程序员梳理硬技能如何建立，同时到一定阶段之后，还需要哪些纵向的拓展能力，如到 P7，可能需要 PMP（项目管理专业人士资格认证）的证书，或者需要技术领导力。我们的核心是帮助程序员建立清晰的成长路径。

小 孟   我整理了我们的用户需求，第一个就是毕业。通过我们提供的一套低代码平台，让他们可以很快地做项目，解决毕业的问题。第二就是帮助他们找工作，大厂、国企、研究所需要的能力是不同的，我们都已经整理好了项目底层的知识和需要刷哪些题，用户只要按照这个路线学习就可以了。第三就是考研，我们把计算相关的内容整理好，帮助他们考研。

闫 辉   很有意思，几位做程序员培训面向的人群都是不同层面的。但大家做的方式都一样，都是通过线上教育的方式来做，这种培训模式有什么特点呢？如何应对学习非常考验人的耐心和驱动力这一人性挑战呢？

July　　　　最早做在线教育的创业者，可能会觉得与线下是对立的，认为在线比线下好，当时还有创业者说要颠覆新东方。

但是最近几年，大家发现其实是不同的场景，并没有那么大的对立性。虽然有群体重叠，但这些学员在不同机构的诉求不太一样。**培训本质上是为了解决学习效率的问题。只要能实现用户目标，提高学习效率和效果，不管在线还是线下，都是好机构。**

当然，在线和线下的区别还是很明显的。我做过线下的培训，除了大家都知道的地域限制，还有一些挑战，如很多学习者的数据、教学的数据没有办法沉淀。但线上可以根据学员观看视频的时间长度，中间有哪些停顿，判断出学生在哪些知识点上卡壳或遇到问题，这些用户行为在线下是很难收集的。线下培训我们也鼓励学生问，但大部分同学是不提问的，因为担心显得自己不懂、不专业。而在线可以通过一系列的手段，包括直播、录播、实训、答疑、考试、作业批改，通过完播率、完课率、作业的完成情况，有针对性地了解到学生学习中遇到的问题，并有针对性地解决问题。

当然凡事有利有弊，相比线下，在线教育没有办法给予面对面的压力和督促。线下用户可以坐一天，但面对屏幕，可能听一两个小时甚至半个小时就听不下去了。所以，在线教育机构也在做各种尝试，如通过助教、老师的答疑进行互动，或者把知识点拆成十几分钟，让学员有更快的反馈和互动。

James　　　　我们创业的时候，从来没有想过要颠覆线下。

我们面向的用户是在职的，他们已经有工作了，维护成本没有那么高，而且他们不会有那么多乱七八糟的问题。在职人群的学习驱动力问题，他自己已经解决了，而且他们对老师有辨别能力。

同时，我们的用户在北上广深这样的城市，到任何一个地方的通勤时间都是一两个小时，周末很难爬起来去一个地方上课，所以线上教育和我们的用户群天然是匹配的。

所以我认为线上和线下各自有其天然的市场，不存在竞争。每个市场都很大，甚至相互之间是互补的。

小　孟　线上同一个课程，肯定就便宜。因为线下的各种成本都很高，如场地费、老师讲课费。北京、上海通勤效率很低，对于有学习能力的程序员来说，线上学习的效率也可以很高。

线下培训比较适合小白人群，我们的学员中也有很多人购买了课程但不去学习，对于这种自制力比较差的，可能适合去线下。

闫　辉　线上培训看起来挺好，但当作公司和事业做起来应该也面临很多问题。大家在做这个业务的过程中遇到过哪些问题？例如以为很简单，但其实很复杂难以处理的事情。

July　确实是这样的。我创业第一年，或者大部分创业者第一年都是激情澎湃的，心里想着要改变世界；创业到了第三年，就觉得这个事情不是靠一腔热血能解决的，但激情还在；到了第六年，基本上就比较稳定，甚至有点麻木了，就是想着每年公司要做什么样的规划，什么样的战略，能不能靠着大家和老师、同事的努力，比上一年增长一些就行了；**到了第八年，感觉创业这件事情没有让自己陷进去，能对家庭、生活有一定的兼顾也不错了。因为疫情这三年，很多公司都没有了。**

James　我们 2017 年开始创业，那时候全国才一两家，但到了 2018 年，长沙一个园区里面就有 50 家。现在全国可能又不足 5 家了。

所以，**经历周期会让你平静地看各种变化。**2018 年，很多教师看到讲讲课公司一年就几千万元收入，挣钱这么容易，为什么不自己去做一家？当然我很恐慌，因为少一个教师，就多了一个竞争对手。

但穿越 5 年的小周期之后，再有教师要出去创业，我很欢迎。首先你说服不了他，如果他需要我帮助，我也愿意提供帮助，因为我 6 年来踩过很多坑。

我会帮他们算一笔账。很多创业者包括我自己经常犯的一个错误，就是缺乏财务知识。例如，你这个月收了 30 万元的学费，很多人会认为赚了 30 万元，其实不对，从财务角度这是预收款。如果服务周期是 6 个月，每个月只挣了 5 万元。这些钱，老师的工资和服务成本能不能覆盖？而且获得学员还需要流量转换，购买流量你也需要先花费大量的钱，这些很多人都不会先思考到。此外，除了运营成本，其实还有很多隐形成本，如管理成本、时间成本。

我们第一年、第二年比较幸运，开始就赚钱。但遇到起伏的状态时，会发现公司的支出原来这么大，于是自己也赶快补充各种知识。那两年我疯狂地去上总裁班，开始感觉那些人讲的都是大道理，都是有用的废话。后来听多了，慢慢去思考，发现不是废话，而是自己没有底蕴去理解，没有对应的这个经历，就很难体会到。

小 孟 我们做课的时候，曾经找过一些大厂很厉害的小伙伴，但发现有些小伙伴虽然技术很厉害，但讲课特别困难。因为**讲课其实也是一种产品，而且这个产品让用户感觉有价值也是很难的**。因为讲出来的课是不是符合用户的口味，你自己懂不代表能给用户讲清楚。

第二就是推广也是很大的挑战。我亲身经历过一个项目，公司负责人开发了一个劳务 App，花了 100 多万元开发的，又花了大量的钱做推广，但市场没有想象的好，钱都打了水漂。

第三就是管人也很难，我就不太适合管人，这个比写代码难多了。所以我们现在还是搞轻模式，和一些靠谱的小伙伴做。

闫 辉 程序员培训的未来发展会怎样？

James　　在线培训其实极大地发挥了老师的效率，因为可以 1 对 N，他可以帮助到更多学生。

但其实我更相信未来的培训不是 1 对 N，而可能是 N 对 1 的。因为一个学生要学习某个知识，可能是有多个老师创建内容，帮助他学习的。因为现在信息大爆炸，同一个东西，大家的观点是不一样的。

另外，信息输入让大家变得越来越清晰，以前很多人不知道学什么。但现在客户越来越清晰地知道他要什么，所以未来是个性化非常强的时代。客户越来越有认知，他们就会提需求，从年薪 20 万元、35 万元到 50 万元、60 万元，肯定需要有人帮助；而达到这种能力，不仅需要技术能力，还需要综合能力，包括表达能力、沟通能力、产品能力、产品思维等。这方面的培训也会进入学员职业化的方向上来。

读书笔记

2

对话 2 部分

技术趋势创富

程序员
如何在开源浪潮中创富

关键对话 | 人物

李佳芮 句子互动创始人兼 CEO，全球最大的对话式交互 RPA SDK 开源框架 Wechaty 联合作者。

欧阳小敏 华为 HWA 大数据顾问、Weiit 开源项目作者。

宋可为 北京初心使命软件有限公司总经理、中国开源软件推进联盟副秘书长。

关键对话 内容

开源的发展趋势非常迅猛,而且围绕开源在国内外出现了很多独角兽企业。国内参与开源的程序员数量也越来越多,为了更好地了解从事开源的程序员,我们特别邀请到 3 位开源项目的发起人,一起讨论如何更好地利用开源创富。

闫 辉 这是《程序员创富》系列对话的第三期。请问各位嘉宾,第一次做开源项目有什么缘由?当时发生了哪些故事?

李佳芮 我做开源的起因很有意思。因为我很喜欢跳爵士舞,所以基于兴趣,2015 年左右我做了一个非常大的舞蹈社区,录了几百期的舞蹈教学视频,流量很大,全网播放上亿,也有很多粉丝。我们通过把粉丝引导到公众号,加微信再拉群,把粉丝聚起来经营。

当时遇到一个问题:这么多粉丝如何自动化管理?因为通过好友请求、拉群、回答问题都需要手工。我在网上找类似的自动化工具,也没有找到。因为我自己就是程序员,觉得可以做个工具解决几个核心问题。

首先是自动化地通过好友请求,自动把这些人拉进群里。其次,能够通过对话机器人自动回答粉丝的问题,如哪个舞蹈视频在哪儿。当时做了非常详细的网站,每一期内容和接下来的排期时间都在，但很多粉丝自己不看，只是持续问，所以我希望机器人能够自动回答。第三就是能自动找到社区中活跃的用户，让他们协助我管理社区。

巧合的是，当时我的一位朋友，也是 Wechaty 这个开源项目的另外一个作者，也迫切地要管理他自己的微信粉丝。

于是，我们做了很多自动应答小机器人，也在汕头、南京、苏州找到了大区管理员，把所有群就交给他们去运营。现在南京的一家舞社还在用当时的舞蹈项目品牌。

做了自动应答机器人之后，周围朋友都反馈非常有价值，所以我们一直坚持做，还开源了 Wechaty 这个项目。早期基于微信，现在转向企业微信，接下来陆续支持了 WhatsApp 等国外流行的 IM（即时通信）软件。主要是因为大家希望在 IM 生态中解决营销服务一体化，自动触达用户，做好客服管理。

Wechaty 从最开始到现在，已经有 13 000 多个应答机器人。出现了一个小的开源生态，有很多开发者自发在做。

2016 年 12 月左右，我们以开源项目身份做分享，分享完还有了第一个客户——美团。于是我基于 Wechaty 的开源项目在上层做了云服务，成立了北京句子互动科技有限公司用来服务大企业。

欧阳小敏　我创建过三个公司。

第一次做的是电商导购，虽然最后失败了，但对电商和运营体系的理解很深入。第二家公司是我从华为出来，做了一家时尚电商平台的 SaaS 产品，并且围绕着微信生态做，结果 2018 年资本进入，把 SaaS 价格快打到免费了。2020 年，我们内部讨论既然电商 SaaS 项目不做了，要不然把之前 Weiit 很完整的一个软件版本开源出来。

当时版本面向企业客户，需要用企业资质申请很多接口，个人开发者其实很难搭建起来，但因为开源，很多人看到我们的项目，了解了产品能力，希望购买商业版本。于是我们的团队又开始了新版本的开发。我们发布了两个版本，社区版完全开源免费，商业版收费。海外很多开源项目也是这样的操作模式。

今天的开源环境和 2016 年之前有很大差异。开源协议、知识产权大家更加重视，国家也越来越重视。

宋可为　　我大学毕业到了一家做 Linux 的公司，当时开源 Linux 主要做桌面系统，希望能够把民间开发者聚集起来做应用。当时我们从全国各地挖了 80 个论坛上活跃的人员，虽然他们的研发能力参差不齐，但都有非常浓厚的开源热情。

我自己也做了一个基于 Android 的办公桌面，后来认识了清华的老师，开始合作做开源的操作系统项目。

闫　辉　　马斯克经常讲第一性原理，我想请各位嘉宾谈谈你们认为的开源本质是什么。

李佳芮　　开源能让全球范围的人一起去协作，他们属于不同时区、不同文化、不同背景，但可以为了同一个目标、不计回报地共同做一件事儿，这是非常伟大的。

马斯克认为专利是阻碍社会发展的，公司比赛的应该是创新的速度。背后的技术知识应该全人类共享，而上层构建的服务是组装的能力。

欧阳小敏　　我觉得开源最大的点是通过影响力撬动商业价值转化，马斯克推动他的开源，也获得了世界的关注，也可以驱动其他团队跟上来，给他压力，在帮他找到战斗的感觉。

宋可为　　我认为开源是一种思维方式和协作模式。也就是开放共享协同，这既是一种思维方式，也是一种解决问题的方法，两者缺一不可。

闫　辉　　听了大家的思考，感觉不同的人看待开源的维度和角度是不一样的。用户的视角是使用开源产品，发起者和贡献者的视角是创建开源项目，国家和行业负责人又是另外一个视角，开源平台也有自己的视角。有人说历史是一个任人打扮的小姑娘，开源也有点像。**不同的人可以利用开源，去实现自己的梦想和理念，不管服务用户还是商业化，还是为国家去构建基础的软件。**

今天这个对话我们叫开源创富。请问三位嘉宾，你们通过开源创富了吗？

李佳芮　　这个创富要看如何定义。如果是基于开源项目做商业化公司，可以说是。单纯从金钱的角度讲，创业非常多年，我们公司也拿到了很多轮的融资。

但是，我真正喜欢做开源的原因首先是背后协作的价值，反向激励我思考如何把公司的协作做得更好。

Apache 项目中有一句话触动我特别深：If it didn't happen on this it didn't happen。它是要求所有东西都要写在邮件列表中，我们公司也是要求所有内容都写在文档中，这样才能传承，复盘的时候也都能看到。我们也像开源社区那样做会议纪要，每一次的会议都用 Zoom 录下来，这样才能宣传出去。开源让我学到如何打造一个开放透明的组织。

我的一个早期投资人跟我讲过：**创业过程中，赚钱是手段，而不是目标。如果把创业赚钱作为目标，大概率创业是赚不到钱的。**之前与一个朋友交流的时候，也聊到如果想赚到你人生的第一个 1 000 万元，最好的方式一定不是创业，而是大厂。如果你有同样的能力，去大厂可能会更早赚到。

开源本身是代码层面的，更多是知识上的交流，所以开源社区要纯粹一些。对个人而言，参与开源很容易创造很多价值，包括认识更多新朋友。但开源社区的商业化太浓，必然会破坏开源社区的文化。如果抱着创富的心态做开源社区，很难让社区有更好的开放性。

赚钱应该是商业化公司去做，公司提供的是服务、是保障、是解决方案，是基于知识技术提供的完整的产品，这两个完全不同。我同时在做开源社区和做公司，两者如果混淆，开源做也不好，钱也赚不到。

欧阳小敏 通过开源得到影响力，带动公司获得其他领域的价值，这可能是我们目前的答案。虽然能收到百万级的版权费，但对团队来讲这个收入还是很少的。

宋可为 这个问题其实特别好，我们做的开源圆桌会里面，也反复聊这个话题。我也总结一下，开源可以带给我们哪些价值。

首先，项目通过开源方式发布出去，可以快速获得大量市场反馈，包括全球市场上有人给你提问题，或者挑战你。其实对于小创业团队来讲，**质疑也是特别有价值的，因为背后可能是真正的需求，是潜在的客户。**

其次，开源模式有利于团结，包括吸纳创业团队之外的生态成员。其中可能有爱好者、布道者，这是构建技术生态和未来商业生态的重要切入点。

第三，开源整个项目能够促进技术和团队的快速迭代能力。甚至说将来有一天，因为运营、资金、疫情等问题项目不能再持续，项目做出的贡献可以持续对行业有价值。

回到开源能不能创富这个核心问题，如果这个富是单纯的金钱，可能这不是一个最好的方式。但对于小团队和开发者，可以通过开源快速地找到市场，快速地对接需求，在一个小圈子里快速获客，甚至获得天使投资人的关注。

总之我认为，开源绝对不是一个创富的捷径。

闫　辉　　大家认为开源应该和商业化分开。但国外最新的一个趋势就是基于开源的产品，提供云服务作为商业化模式，这些项目的估值也很高。模型已经在技术圈和投资圈被证明是可行的。

李佳芮　　我特别认同开源项目后面做云服务，我们看到很多成功的创业公司都是基于开源项目的云服务。个人可以拿开源代码学习，但对大公司，它需要的不仅仅是一套代码，而是部署和维护的服务，解决方案里面包含了很多承诺，大公司会很关注这些服务。

闫　辉　　我在与一些专家的沟通中了解到，公司要采购 toB 的产品或服务，流程是很复杂的，需要单独立项。但成为云端服务之后，采购流程就会变得很简单，变成了云 IT 成本，只是云上服务账单，这样就绕过了很多高层决策者，甚至一个开发者就可以决定是否使用。

李佳芮　　最近有一套理念非常火，叫作 PLG，即通过产品驱动增长，这与开源的理念特别接近。

之前很多公司是 SLG（Sales Lead Grow），即销售驱动增长。尤其是 SaaS 产品，在过去相当长时间内都是靠找到大 B 公司的 CIO（首席信息官）等决策人，这种销售周期非常长，有时还要各种投标。

如果以产品为主导，就会产生用户裂变。如 TiDB 这样的开源数据库，早期通过开源社区布道，获取销售线索并完成转化。我们的产品也是最初美团一线工程师在使用，最终影响了决策者。

从这个角度看，**开源能够在商业层面快速去获取订单，带来裂变增长，同时获取用户反馈。用户反馈可以带来商业正循环，最后通过云服务完成一键部署**。我们公司也是这样卖云服务的。

开源还有一个很大的价值就是打安全牌。尤其是海外相关法案出台后，在代码完全开源的情况下，大家对安全可靠性会有更多信心。

欧阳小敏　我们对客户提供服务时,要对服务承担一定的责任。因为我们的版本还是不太一样,我们主要是利用开源在做线索引流,打造影响力。真正做自己商业化交付的时候,是另外一个商业版本。

宋可为　开源商业模式其实也经历了进化过程。在每一个时代,包括 PC 时代、互联网时代、移动互联网时代,到现在云计算时代。我们可以观察到,都出现了符合当时开源的最佳的商业模式。

早期就是双授权,也就是开放授权和商业授权,版本之间有差异,或有功能差异,或有性能差异等。早期 Linux 在全世界推广时,绝大多数发行版都采用这种模式。

到 Web 2.0 时代和移动互联网时代,谷歌和其他互联网巨头使用大量开源软件,商业模式是第三方付费。系统免费,但可以通过上面的应用获得收益,填补系统本身这个运营开发更新的费用。

现阶段,就是云计算时代,很多开源采用 Open Core 模式来构建自己的商业模式。

讨论开源的商业模式,首先要看所处的时代,其次要看产品在产业链中的位置,然后是用户如何采购、如何招标、如何付费或购买整体解决方案。

所以,**开源和商业化相辅相成。开源可以促进商业化,商业化可以反哺开源。但无论开源还是商业化,都不是我们的目标,只是途径。**

闫　辉　开源确实是非常复杂的一个概念。每个人只代表自己的角度和身份。CSDN 的用户都是程序员。各位嘉宾可对程序员总结一下你们希望程序员对开源的态度。

李佳芮　我觉得程序员一定要做开源,这是毋庸置疑的。

首先,开源一定能带来个人非常大的成长。让你持续学习、保

持好奇，这样大家也不用担心所谓的 35 岁危机了。成长分为三块：第一，做开源会让你通过输出倒逼输入；第二，持续做开源，通过分享可以认识到一群非常有意思的人，获得更多观点和反思去成长；第三，持续做开源，会让你从公司跳出来看，拥有更大的视野。

欧阳小敏　　开发者应该要支持开源、做开源。做了开源后，不仅有助于自己成长，如果商业化获得市场的支持，就更有成就感，因为服务了更多的企业。

宋可为　　我从三个角度谈，首先是应该学习开源。刚才大家也提到了，能够帮助程序员快速成长，思考更全面，逻辑更严谨，代码更规范。第二是要使用开源。成熟的开源软件可以大幅提高开发效率。第三是要贡献开源。在使用和学习的基础上，饮水思源。我们也要成为开源生态的贡献者。在这个层面上可以获得更高的知名度和声誉，影响更多的人，创造更多的社会价值，当然也可以找到更好的工作和创业机会。

闫　辉　　非常感谢三位嘉宾，今天晚上围绕着开源创富这个主题进行对话。我们可以看到，开源其实是一个特别大的概念，不同的人看开源，就像盲人摸象一样，每个人看到的都只是一部分。开源不是今天才发生，而且几十年，开源一直在变化。开源过去很多时候靠的是理念和初心。但现阶段国际开源的大形势在改变，不管产品还是商业模式，都在持续演进，并且出来了很多成功案例。现在，从国家到更多的企业都认识到开源的价值，这是一个很好的时机，程序员更应该参与进来。

程序员
如何在 AIGC 浪潮中创富

人物 关键对话

余 波   创新谷暨追梦者基金联合创始人，主导孵化投资望尘科技（足球大师）、九尾科技（兼职猫）、大道机器人、巴比特等百余家初创科技企业。此前他是微博 App 团队最早的产品经理之一，后负责微博移动开放平台业务；此后出任热酷游戏副总裁，负责创建并管理热酷的智能手机游戏团队和海外业务。

刘秋杉   无界版图首席研究员兼 AI 艺术负责人，《元宇宙：通往无限游戏之路》作者，8 年区块链行业从业经验，曾供职 IBM、众安保险等公司早期区块链部门，多项 IEEE 区块链国际标准参与制定者。

王 浩   北京数原数字化城市研究中心高级算法工程师，研究方向：计算机视觉、行人定位追踪。CSDN 博客专家、AI 领域优质作者。

关键对话 内容

随着最近 Stable Diffusion 的开源，AIGC 再次成了超级热点，围绕 AIGC，技术的发展对业界产生了什么样的变化？这些变化对程序员来讲意味着什么？为了探讨这些问题，我们邀请到几位嘉宾，包括投资人，以及正在做 AIGC 的创业者和 AI 技术专家进行探讨。

闫　辉　　今天是《程序员创富》系列对话的第五期。今天的主题是 AIGC 的技术发展和带给程序员的创富机会。我们先请三位嘉宾做一下自我介绍。

余　波　　大家好，我是追梦者基金和创新谷的联合创始人余波。我也是一个老程序员，是《程序员》杂志创刊号的拥有者，也是程序员创富浪潮的早期参与者。我亲身看到中关村程序员一个人写共享软件赚了不少钱。例如，我新浪的老同事写了一个软件叫天气通，后来我们收购了这个软件，那些钱虽不能说让他达到财富自由，但当时足够在北京买几套房了。

　　　　　　现在 AIGC 时代和移动互联网浪潮刚起来的时候比较像，一两个程序员就能干，并且能赚不少钱，这是新一波机会。

刘秋杉　　我在 2012 年就注册了 CSDN，当时也是一名程序员，研究 Linux 操作系统，那时每天都发一篇博客。2016 年，国内第一波联盟链浪潮起来之后，CSDN 也建立区块链的社群。我当时也加入了，并且与很多老师很熟悉，算和 CSDN 的缘分比较悠久。

王　浩　　大家好，我是一个高级算法工程师，目前是 CSDN 的博客专家，聚焦 AI 视觉领域。2022 年 AIGC（人工智能生成内容）突然就火起来了，有一天打开公众号，里面几乎全是扩散模型的文章，感觉这把 AI 所有其他领域的光辉都给遮住了。

闫　辉　　IT 圈有句话，一个技术往往大家会高估五年内的表现，低估十年内的表现。AI 技术从出现之后，经历了很多次起起落落，有投资创业火热的时候，也有商业模式很难找到的时候。现在又有了一个新热点，这个变化过程，大家的感受是怎么样的？

余　波　　坦率说，2022 年全世界投资圈挺惨的，没什么热点，也没有什么值得一提的公司冒出来。直到 2022 年 8 月，Stable Diffusion 横空出世。

如果有人长期关注这个领域，其实这个方向已经发展了很多年，也出来了很多论文，虽然也有一些早期玩家坚信有巨大价值。但这个方向一直没有破圈，没有让普通的小白用户和消费者加入进来，大家就认识不到这方面的潜力。

8 月，Stable Diffusion 做了一个大开源。大开源就是除了代码开源，还把数据集和其他很多东西都开源了，这样就构建了每个人都可以在其中找到自己位置的生态。

整个链条活了，红杉、光速等整个科技投资行业具有风向标性质的美元基金都参与了投资，而且是不计成本地给的投资。我已经很多年没看见这种盛况了。

AI 和比特币很相似，有很大的波动性，一段时间上来，然后又下去，然后又上来。这背后有强大的生命力，有技术的原因，更多的原因是可以打造循环起来的经济体系。

从开发者角度看，AIGC 有可能是最近五年新技术趋势里增长曲线最猛的，与移动互联网第一波的感觉很像，几个程序员开发一个 App 放在 App Store 上，莫名其妙就火了。这就是符合大潮流和大趋势的、能够变大的特征。

我相信这帮科技 VC 应该感觉到了这种味道，不管三七二十一先跳进来再说。后面会不会有巨大的机会，我的判断是肯定有，但到什么程度，现在不好说。

闫　辉　　余波站在投资人的角度谈了他的感受。秋杉作为这个领域的一个创业者，观察到发生了什么？

刘秋杉　　确实，AI 很类似区块链，经常有大的起落，但每次落之后都是一个更高的发展，都是从很小的点产生的颠覆性创新。

简单来讲，就是一个图片引发了全球跟随的热潮。就像有了区块链，就可以去做很多去信任的东西。**AIGC 解放了图片的生产力之后，能改变生活中的很多场景**，如智能辅助驾驶、AI 艺术训练、骨科医生 X 光的解决方案，这也是支撑我们坚定不移地把这个创业项目做下去的原因。

王　浩　　AI 的起伏，我也是比较有感触。最大的感受就是工作好找了，相当于 AI 视觉开创了一个新领域，现在 AI 领域太卷了，尤其视觉领域特别卷。AIGC 火了之后，大家突然又有了灵感。估计很多博士、硕士可以早点毕业，因为有方向可以研究，可以发论文了。

对于非 AI 算法工程师，也可以将 AIGC 应用到很多新领域和新产品中。如教育领域，可以根据不同人的兴趣，在不同的场景中去学习。另外，也可能对芯片行业产生影响，现在模型还比较大，个人电脑运行比较困难，芯片行业可能会有优化和发展的空间。

闫 辉 三位嘉宾从投资的角度、创业者的角度、技术工程师的角度看到的现状，可能还有很多程序员之前没有关注过 AIGC，还不太了解这个领域，请各位嘉宾谈谈之前发生了什么？现在又在发生什么？

余 波 我是很多年前就关注这个领域，当然因为做投资要关注的领域很多，我只是定期回访。之前生成图片就有对抗网络，一直都有这些技术，但没有引爆。

8月，在一些社区里面谈论 AIGC 的人开始多起来，一些程序员在对话，在发帖和讨论。没过多久，秋杉公司的创始人，也是我们投资的公司巴比特就在朋友圈里面发这些内容，就是无界版图的内测。

于是我马上要了一个内测资格，发现这帮小兄弟真的很猛，就像当初移动互联网创业的程序员一样，几乎每天一个版本。

这种感觉就是十年前的那种创业感觉。你可以看到他们的那种冲动，拼命地做各种各样的新东西。而且不止程序员，玩艺术的设计师群体也拼命在讨论一些训练，什么提示语可以生成什么图片。

只有程序员自己玩 AIGC 打动不了消费者，因为没有美感的图片打动不了人心。 而 AIGC 确实能够创造很多照片，设计师这种艺术工作者可以从中挑选出能打动人心的图片，吸引力是很大的。然后就能看到这个领域出现了一级引爆、二级引爆、三级引爆的过程。

先有论文，然后有人做出来代码，之后有人包装。整个链条的传染系数是十，有点像新冠的传染性。你很快就会发现朋友圈里边很多人，他们既不是程序员也不是美工，也在炫耀说了几句话，然后生成一张美图，或者把孩子或猫扔上去，改出一个有趣的内容，就刷屏了。

这种病毒式营销很长一段时间都没了。很多项目都要补贴、烧钱，特别无趣，很少有类似于AIGC这样有趣的项目，让我们这群之前玩移动互联网的老兄弟们眼前一亮。所有人都在想，这个浪潮里我能干点啥？

每个程序员都应该思考：这么大的浪潮中，是不是有我做事的空间？ 我判断，一定会有各种各样的程序员，利用小程序测试各种垂直领域，如二次元这样的亚文化群体。

现在是巨头时代，大家只能在巨头的生态中做事。抖音上来先砸100亿元，让大家陪他玩，这个模式没什么意思。但AIGC给了大家新的希望，一两个草根程序员很可能找到一个特别小的垂直点、利益点、创富点。

在全世界的开源社区中已经有这样的势头了，在AIGC大大降低了技术门槛后，就会有特别多有创意的人能够在一个垂直的小领域里边找到机会。这几年，除了区块链领域，在其他传统领域看不到这种机会了。

刘秋杉 我们之前做NFT（非同质化通证）领域，接触海外的数字文化、数字藏品项目很多，这些项目都会借助AI生产符合元宇宙和Web 3特性的图片。当时看到很多海外项目用AIGC，感觉市场主要是数字产品，估计百亿美元的规模。之前对抗网络生成人脸还是很简单的，很多是像素级别的。

今年4月，第一次接触生成扩散模型（Diffusion Model），感觉效果完全吊打之前的模型，能够随心所欲地生成万事万物，能实现元宇宙的设想，而不仅仅是数字产品的辅助性功能。

所以我们就成立了一个专项小组，结识了很多海外资源。到今年8月份，SD（Stable Diffusion，AL绘画的一个开源应用）能够比DD（Disco Diffusion，AI绘画的开源应用之一）更能够生成万事万物，而且时间上降了数量级，之前生成一张图需要两到三分钟，而 SD 在 10 秒以内。并且效果、可控性、艺术美感又上了好几个数量级。这样的差距，让全球兴起了新浪潮。也是从那一刻开始，我们公司投入了大量的研发、运营，做了新项目。

虽然在世界范围内我们不是最早的，但在中国范围内是最早的一批之一，而且把事业和竞争的标的放在海外。从 9 月份到现在，一直在产品化演进的过程中。

这个领域确实让我们看到了新希望。过去几年，中国互联网分为两大势力，一个是中国互联网巨头统治的商业场景。例如，大家都活在抖音的叙事背景里，通过抖音去做电商直播。另一个就是区块链。但区块链在中国没有很好的土壤，虽然区块链不是由巨头主导，但给普通创业者的机会不是很多。到了 AIGC 时代，**我们看到了一个在中国能光明正大创业同时又可以摆脱巨头阴霾的机会。**

过去几年里，不光是疫情原因，因为互联网统治一切，我们的工作、生活一直处于熵增的过程，不断在内卷，在有限的竞争环境里进行你死我活的博弈，实在找不出能够打破现实世界熵平衡的机会。

直到元宇宙出现，很多人认为元宇宙是一个虚的概念，确实它是虚的概念，但元宇宙虚到了一个消费场景上。过去我们创造的消费场景是与实体有关，但有了 AI 之后，你可以在元宇宙中创造虚拟的生产资料，也可以获得各种快感和娱乐体验。这是一个无限游戏，相当于把过去的有限游戏变成了一个无限游戏，这就给我们创业者的机会越来越多，给普通消费者的消费场景也越来越多。

目前来看，很多人愿意在 AIGC 上创业，愿意在 AIGC 上付费，说明这是一个有效的增量市场。从创业的角度上，我们能够感受到这种推动力。

王 浩　虽然我是做视觉的，但我对 AIGC 领域接触的还是比较晚。我曾经见过阿里的图文生成模型"鲁班"，可以生成一些海报和古诗。我还从国外网站上爬了大概几万张二次元头像，然后去运行，效果不太好。

今年 SD 模型出来之后，我发现个人也可以玩了。于是，我跑了两个模型，一个是 SD，一个是百度的文心大模型，可以用来生成一些图像。

很多人问我有什么价值？我们技术人员纯从技术角度感觉并没有感到很多价值，所以当时只是给同事家小孩儿做一些绘画创作。

闫 辉 余波是从一个投资人的角度来观察这件事情，秋杉是从研究员的角度看这件事情的价值，王浩是从一个真实的程序员角度去使用技术。每个人在生态中都有位置。SD 的开源是有扩散效应的，核心是搞开源的程序员，第二层是艺术设计师的加持，产生了感染力，让用户能够参与到里面。网上还有人专门提供生成词，并且可以收费。那么现在整个生态里面到底有多少种角色呢？

余 波 我认为，AIGC 整个生态会把以前移动互联网里所有的角色都拿出来试一遍。移动互联网行业里，有内容的生产和消费，有 PGC，有 UGC，还有社交内容的生产，这些环节都会有小伙伴去尝试。大家可能都会去尝试一下，能不能帮已有的业务省钱或者提高收入。

例如，猪八戒可能会添加提示词的交易。还有沙盒游戏里面，也有生态，有经济系统，那一定也会有人在其中尝试。为什么这些对程序员比较重要？因为这些生态是现成的、可以赚钱的生态。

我们的话题就是程序员创富。**程序员没有必要从头搞生态。成熟的生态，只要有开放的平台接口，程序员都可以利用先天优势搞一下，这属于成本低并有正向激励的机会。**

刘秋杉 底层的逻辑还是创作者经济商业模式。从 PC 时代到抖音时代，全民都可以去创作，然后带来很多流量，流量就会形成经济系统。要么把流量直接变现，要么通过流量聚集起一个小生态，在小生态里进行一些其他的商业模式。本质上是创作者经济网络。

我们的生产平台发布后，有很多来自抖音的用户，这些普通消费者发现自己也可以生产抖音上看到的图片，带来的成就感和体验是前所未有的。于是，他们从旁观者变成了参与者，成为创作者经济中的一员。

利用 AIGC，生产力从原来一天只能生产两三张图变成能生产几百张图。生产力的提升带来了生产关系的改进和变革。

技术一定会带来认知差，有认知差就有机会。 艺术家可以比普通人能够生产更好的图片，但他们也不是顶级的 AIGC 生产者。顶级生产者可能不懂艺术设计，但他们精通关键词，其中可能有研究语法的程序员群体，研究透彻后能够比艺术家用 AI 更精准描述画面。也有可能是艺术家，把艺术经验结合技术研究也能生产很好的图片。

还有可能诞生新的分工角色——提示词工程师。这个生态还能诞生很多小生态，如提示词的交易网站、AIGC 的教育网站等衔接大众和 AIGC 的服务。

王 浩 　　**程序员群体转行的机会其实不多。但每次技术的诞生，都会带来转行机会。抓住机会对个人来讲就是质的飞跃**，反之有时候工作可能都会丢，所以是机会也是挑战。成功上车这样的行业有可能会实现创业成功，或者收入或者职位的提升。我认为，AIGC 对程序员是一次非常好的机会。尤其是元宇宙行业可以和 AIGC 很好地结合。

闫 辉 　　几位嘉宾一直在提 8 月 22 日，Stable Diffusion 通过大开源模式发布这个重要的节点。我们从新闻中了解到，项目开源后，有两个外部程序员大幅度地优化了 SD 的性能，使得生成图片的速度提高了很多倍。其中一位亚马逊工程师是做性能优化，甚至让 SD 可以放在一个 iPhone XS 上跑起来。

所以，未来要利用开源模式，程序员愿意去尝试使用，开源让更多人给项目做贡献。大家怎么看待开源带给 AIGC 的动力？

余 波　　SD 搞了大开源，非常的重要。因为人工智能的训练推理模型在里面，大开源可以让社区大神能够做出杰出的贡献。即便不是大神，在个人垂直领域里搞点小东西，也能为项目做出贡献。

众人拾柴火焰高。大开源的模式变成对全人类的公有共有区，对中国人和政府来说，就是有利的。通过开源机制打造全民参与的浪潮，三山五岳、五湖六海的奇人异士，说不定就有人做出什么好东西。所以千万不要搞小圈子。SD 的口号就是"By the people, For the people"，大家都跟着它玩，他就发大财了，大家跟着发小财。

刘秋杉　　SD 不仅仅是技术开源、算法开源，训练数据库也开源了，这是 SD 生态里最有价值的部分，其中记录了数亿数十亿图文匹配的信息，都来自互联网资料，把具有美感、美学价值的图片和文本匹配出来，所以训练库的价值是非常大的。

民间有个类比，这个运动更像 20 世纪 90 年代 Windows 与 Linux 阵营的对抗。当时，Windows 庙堂之高称霸世界，只有微软能够去研制。直到 Linux 的出现，全面开源内核、开源模块、开源动态链接库、开源 UI（用户界面），形成了全世界范围内的基金会。中国的互联网和云计算都离不开这一套开源体系。

SD 模型相当于操作系统的价值。过去操作系统和 IT 技术改变了我们的生活，实现虚拟的生活、虚拟的生产。将来操作系统是由 AI 模型去主导的，因为 AI 模型也能够赋能 IT 流程的改进。例如，新模型就可以改变办公，帮助你去实现 Word 编辑功能，甚至生成视频。

现在像 PS 这种凌驾于传统操作系统之上的设计软件都会集成 AI，不仅可以用传统的工作流，也可以用 AIGC 的逻辑去设计图像，把工作流变得更高效。支撑起这些插件运转的就是底层的 SD 操作系统，或者叫 AIGC 操作系统。

所以 SD 最基本的开源引发了生成万物的全面繁荣。

大家经常忽略开源对消费者的价值。其实开源也在改造行业，不仅仅是图片行业和版权行业，不仅仅是抖音带来的短视频行业。图片版权会带来很多商业摩擦，限制传播性。

无版权是一种运动。这是 SD 带来的更大开源——版权开源。就是把所有生成的图片版权都归用户所有，这意味着全世界任何人都可以拿着图片进行商用，无偿，不需要去许可。这让 SD 在全球范围内在普通的用户消费者人群中获得了传播。

一个是开放源代码，一个是开放版权，都将支持我们在 Web 3 时代构建公共物品。公共物品是什么？对国家而言是军事、国防、空气、是水、燃气、高速公路。SD 通过开放源代码、开放版权，就是想在全世界范围内去构建 AIGC 的公共物品。以前谷歌等公司的 AIGC 都不是公共物品，因为它们设置了很多的门槛，普通人很难获取一些资源。

AIGC 释放了大规模模型的力量去创造公共物品领域。从今天开始，人类再去构建新时代的公共物品，这个公共物品一定会产生新的发展动力。

王 浩 我感觉二位的分享非常精彩，我自己也获得了新的认知。AI 所有内容几乎都是开源的，包括最早使用的李飞飞在斯坦福大学做的 ImageNet 和数据集。各行各业的人把他们的这些辛苦工作拿出来开源，给了行业标准来衡量模型。

一代又一代的人把众多代码开源出来，才有了 AI 的今天。AI 的发展速度其实非常快，给我们的生活带来了翻天覆地的变化，全是得益于开源。

我们今天最大的幸福就是获取知识都是通过开源的代码。SD 之前的很多模型其实也做了大规模、多模型的训练，精度挺高，训练样本迁移都有很高的成绩。但那些项目的数据集并没有开源，只是开源了代码，所以没有火起来。

AI 核心其实是数据，并不是模型，我们什么模型都能搞出来。给了数据集，创作就是轻而易举的事情。SD 的开源给算法工程师带来的收益还是比较大的。

我在 CSDN 上写很多文章，也是免费的，也是希望帮助到别人。知识开源也很重要，刚入这个行业时，只能靠自己，有时候晚上一两点还在看模型分析。我把问题解决之后就写博客放在 CSDN 上，让其他人遇到相同问题可以直接解决。我觉得程序员这个群体都是愿意去帮助别人、愿意去开源的，AIGC 按照开源模式发展，一定会更上一个台阶。

闫　辉　　回到我们 AI 创富的主题上，请各位嘉宾再总结一下。

余　波　　程序员群体是多种多样的。如果你就想赚点儿小钱儿，可以对 AIGC 进行包装和封装，通过定制化服务给甲方做点项目也能养家糊口。

如果你年轻一点，没有养家糊口的压力，就要向王浩学习多做贡献，所有的贡献和付出都会有回报的，要有信心。

如果你再激进一点，在这个大潮中早期进入并持续参与。不管从东边儿，还是从西边儿，你一定会找到属于你自己的利益。

刘秋杉　　国内有一帮人享受到区块链的红利，很大一部分是程序员。就是因为他们最早是对以太坊技术非常着迷，所以他们一定会买。

对程序员来说，一旦有风口来了，像今天这么大的一个风口，扎进去之后，不论到哪里，我相信未来不会去辜负他们。

10 月份之前，AIGC 更多是与消费者、与艺术家、与创作者有关。程序员这个时候反而不会有太多机会。因为国内商业竞争非常激烈，程序员的动作是没有商业价值的，大家也不会用你的模型，大家只会使用大公司的产品。

我们一直在跟踪全世界的动态。现在真正有价值的工作一定来自开放模型和垂直模型。SD 和 DD 虽然很大，但只是提供了大开源框架。相当于有了 Linux，之后还需要上面有很多应用。我们发现一个很奇妙的现象，那就是大家对垂直模型的需求越来越多。

随着进入 AIGC 的人越来越多，今天国内是几十万人在参与，下个月一定会到几百万人，明年可能就是上千万人参与，其中还包括大量消费者。

用户的需求五花八门，我们公司每天都接到成百上千的需求，询问能不能做中国风的模型，能不能做婚礼上的卡通人物模型。这些问题都来自垂直模型的构建。

就像移动互联网时代，乔布斯把 iPhone 做到了极致，但上面仍然需要众多的 App。所以接下来，给程序员的窗口打开了。程序员一定会收到很多需求，不仅来自市场，也来自像我们的平台。大家可以把模型提交到平台，就像 App Store 上传 App 一样。几百万消费者使用了模型，就可以获得平台的分成。程序员的商业价值就出现了。我们也希望 CSDN 向所有程序员发出呼吁，去搞开放模型和垂直模型。

王 浩　　听到二位分享，我感觉离钱越来越近了。作为一个程序员，每个行业里面的程序员都会了解自己的行业和业务，如果找到和 AIGC 的结合点，会形成很多创业机会和商业模式。

另外，我也呼吁大家在训练模型中要遵守法律，不要训练不合法的模型。因为 AI 开发者很容易越界，有时为了炫耀能力，会训练一些不合法的模型，这会给整个行业带来负面影响。

闫 辉　　通过几位嘉宾的分享，我们对 AIGC 有了一些新的认知。嘉宾都在帮助程序员思考：AIGC 的长期价值是什么？短期如何参与？可能的商业模式是什么？现在是否是一个合适的时间点？希望可以对众多程序员读者有启发，谢谢大家！

开发者工具
与程序员创富

关键对话 人物

杜 欢　　Authing 技术 VP，主要负责 Authing 面向开发者生态的规划与建设。曾服务过阿里云、淘宝、Cisco Webex、Yahoo 等厂商，也曾独立创业做过 B/S 架构的企业级应用，喜欢跟开发者打交道。

王 安　　DCloud 公司创始人。DCloud 公司推出了众多流行开发工具，如 uni-app、HBuilder，拥有数百万开发者和数十亿活跃终端用户。

杨 攀　　大规模高并发领域专家，拥有多年大规模即时通信和社交产品研发、设计、运营经验，以及多年开发者服务经验和社区运营经验。原 MSN Mobile China、飞信核心团队成员，前融云联合创始人兼 CTO，TGO 鲲鹏会北京分会荣誉会长。现负责涛思数据开发者关系和开发者生态，致力于连接开发者，拓展 TDengine 生态，普及高性能、分布式、支持 SQL 的时序数据库技术。

关键对话 内容

闫 辉 今天我们的主题是开发者工具和服务。对于程序员来说,开发者工具是程序员提供给程序员的产品,市场定位对于程序员群体非常重要,因为自己就是需求方。这个方向上总是会有众多的程序员创业者。接下来请几位嘉宾分别介绍一下自己做的产品和服务。

王 安 大家好,我是 DCloud 公司的 CEO,前端的很多同学可能对我们公司比较熟悉,因为我们还是国内比较大的前端开发工具。

我做这个方向非常久了。18 年前就开始做开发者工具,最初是为了提升内部的开发效率。当时是基于 Java 手机和 Windows Mobile、Symbian 手机做企业应用。因为我们的开发工具做得比较好,很多渠道合作伙伴也想要,于是又开展了渠道业务,后来需求越来越广泛,工具做得越来越成熟,我们就开放到各个市场,让所有人都可以使用。

杜 欢 大家好,我是 Authing 的 CTO 杜欢,主要负责研发和开发者方向的工作。

我们做的产品属于身份云,本身与业务系统和数字化系统结合得非常紧密。开发者做系统第一件事情就是做账号系统,要登录、认证和授权。这个系统虽然卖给客户,但客户要想用起来,对接的还是程序员，所以我们的产品和服务，首先要满足开发者使用体验。

杨 攀 　　大家好，我是杨攀，来自涛思数据，我们的产品是时序数据库 TDengine，我负责开发者关系和生态。我之前的经历与今天这个主题也非常契合，做的都是开发者服务相关的方向。

涛思数据是陶老师五年前做的项目，当时主要是看到一个大趋势和机会，那就是世界上围绕设备产生的数据量占比越来越大，如工业物联网中的各种传感器、各种设备在源源不断地产生数据，而这些数据都是持续数据，所以我们就做了专门处理这些数据的数据库产品。数据库本身面向的客户就是程序员，所以我们做的肯定是面向开发者的业务。

另外，我之前做的也是开发者的业务，就是融云即时通信的云服务。我之前在 MSN，然后到飞信，整个职业生涯都是在做 IM 相关的事情。

我们当时其实是在做一个 toC 的产品，但后来看到 IM 产品在市面上找不到成熟的开源项目，于是我们思考能不能把这个技术做成一个服务，这样开发者就不用深入了解 IM 的技术细节。于是我们把 IM 能力封装起来提供给开发者。

刚开始做移动 App 的时候，所有模块都是自己开发，现在可能一个 App 里面会集成 30 多个第三方的 SDK，这也就意味着这些 SDK 都是面向开发者提供的能力和服务。

未来世界的趋势就是，专业的人做专业的事情，开发者集中精力在自己的业务上。

闫 辉 　　我一直在思考，很多程序员的创业方向选择做开发者工具和服务，是不是因为外面找客户的需求不容易，而开发者的需求自己很清楚，所以才去做这个方向的？

王　安　　我们就是典型的这种情况。2003年开始做手机应用的时候，Web已经很火，我觉得Web开发是一个非常简单的方式。但当时移动开发很复杂，包括应用界面、热刷新效率都很低。

我想能不能把Web开发模式引入移动开发中。当时还没有H5的概念，手机里面也没有浏览器，于是我们自己做了一套渲染引擎，定义了一套比较简单的HTML，发现我们开发的应用效率明显比其他人高很多。而且这样招聘人员的门槛也低了很多，招聘一些Web工程师经过简单的培训就能使用我们的工具做开发。

我们的产品做得越来越强大和完善，后来我们又入了一个很大的坑，就是做自己的IDE，想让开发效率更高，就一直这样做下去了。我们自己内部的各种系统，都是用我们的工具开发的。

其实我们开始面向的是toB市场，面向行业用户提供解决方案。后来toB业务彻底卖掉之后，我们又独立分支了一家公司做toC的业务。现在我们的工具全部是免费的，后面用云服务和广告服务来变现。

杜　欢　　虽然我们不是开发者工具，但发展起因和历程与其比较类似。

我们几位创始人也都是开发者出身，做各种系统的时候，经常需要做账号体系和登录框。我们就思考，这么多系统能不能有一个共性的登录框来复用，这样就可以简化开发者工作，提高效率，这就是最早的初衷。

这也确实是市场需求，几年前大家都在做社交登录，微信、小程序、微博、Facebook、Twitter等，越来越多的系统除了账号、密码登录，都需要做社交账号登录。要做这些还是有一定门槛和复杂度的，所以我们把这些都整合起来。做完账号登录，马上面临账号权限的管理，所以又做了身份认证、资源授权，我们的业务也是水到渠成地拓展出来了。

杨 攀　　陶老师也非常典型。他之前有两次创业经历，一次是做母婴的硬件产品，过程中接触到了物联网的机会和趋势。之前他做的是通信中消息类的产品，也是消息队列方向，这和时序数据库产品的底层逻辑有一致性。

　　我创业开始的时候，准备做垂直社交，核心功能就是 IM。做了一段时间，发现我们 80% 的研发力量都投入在 IM 这件事情上了，我就思考其他如果要做类似的功能也需要耗费很大精力，能不能把这个能力作为服务，提供给别人呢？于是就有了融云的 IM 服务。

闫 辉　　很多程序员会想，做开发者工具和服务，虽然需求比较清晰，但在市场能不能赚钱呢？

王 安　　我们做的时间长，用户体量也很大，有 900 多万开发者，几乎中国手机上都跑着我们的技术做出来的应用，包括 App 和小程序、H5 应用等。

　　我们商业化开展的比较晚，差不多两年前开始商业化，发展得很好，后来因政策和疫情原因带来一些影响，但整体运营比较健康。

杜 欢　　我们成立三年多，发展也非常迅速，比我们最初想象的要好。从服务提供商角度，每天差不多有 5 000 多万次的 API 调用。登录账号问题是所有开发者都会遇到的问题，而且最近随着数字化转型的展开，没有数字化的企业也要构建系统，也需要账号体系。

杨 攀　　我们开源项目在 GitHub 上全球的 star（收藏）超过 20K，这样的项目在全球不到 1 000 个，刨除不是开源项目的，我们可以排在前几百名。现在公司账上现金也非常多。今年的收入也有非常大的增长，相对于整个大环境，还是非常不容易的。

闫辉　　　大家做开发者工具和服务的商业模式是什么？

王安　　　我们做的是开源的开发工具，GitHub 上 star 有 37K。

我们其实不是一个 toB 的公司，而是一个 toC 的公司。通过将开发工具免费，形成了巨大的流量，而且这个流量是客户端和云端的流量。我们基于这个流量做生意，如云厂商的对接、给开发者提供便宜的云资源。另外一块是广告，因为开发者人员做的应用需要变现，于是对接了很多广告平台和广告主，通过广告平台做流量分发，开发者可以获得收益，广告主也能获得宣传推广。

杜欢　　　我们做的是企业软件市场的身份认证服务。这个服务需要和客户的数字化系统深度集成。我们的商业模式是为企业提供价值，通过赋能开发者实现。

杨攀　　　涛思数据的商业模式就是产品开源，收企业版服务费。这种模式在国内还是有很大的发展空间。很多人说开源商业化不容易做，但我们还是做出来了一些优势。

首先数据库市场虽然全球竞争非常激烈，但我们做的是时序数据库这个垂直市场，起步时间和产品上都大幅领先，再加上贴近传统行业客户，如硬科技、新能源、物联网、制造业等，这些待开发的商业空间非常大。在工业软件领域替代传统的欧美产品，这是一个思路。

开源模式带来了一个流量池。如果一个项目开源了，能够获取到的流量是不开源的 10 倍还要多。 开源还有一个最核心的商业模式——云服务。国外成功商业化上市的开源企业基本上都是通过云服务来收费的。

我原来做融云的产品，商业模式更简单，就是标准的按照日活的收费服务，我们的免费其实也是为了获客，让客户的业务可以快速上线，达到一定的用户规模后肯定要收费。

闫 辉 李维老师曾经写过一本书《Borland 传奇》,讲的就是一家做开发者工具的公司发展历史,让我们了解到很多国外开发者市场的情况。我发现国外有很多做开发者工具,甚至做组件的公司都生存得不错,但在中国就不太行,一直没有发展起来。大家怎么看?

王 安 我们做的一部分是 IDE 产品,国外就是 VS Code,其实就是为了获得云服务的流量入口,两者在逻辑上是一样的。国外做跨平台的应用开发引擎,需求比国内少。因为中国除了跨 iOS 和 Android,还需要跨各种各样的小程序。

在欧美可以直接销售开发者工具,如 IDE 产品,但在中国,甚至大多数发展中国家都不太行得通。大家为了获得一个更大的市场,基本都免费了。这与发达国家客户的付费系统和付费能力有关。

杜 欢 我们也关注一些国外的开发者生态。他们更倾向于对开源项目的接受和使用,尤其是商业化公司支持的开源项目,越来越受开发者的青睐。

国外的开发者生态非常喜欢做标准,但国内很多不同的企业做集成的时候,每个系统的对接都有自己的标准。让我们经常生出"开发者何苦为难开发者"的感觉。

所以,我们非常希望能推动改进国内这种非标准的操作方式,希望能够推动认证和授权这两个领域的标准化。

杨 攀 我同意王总的观点,VS Code 对微软来说就是一个流量,这是微软的大战略。微软通过几个产品在开发者中树立了一个形象。

开发者工具的基础产品肯定都要免费。从商业机会上看,个人工具很难收费,企业可能会购买。而且,企业购买的核心可能是协作,如果你需要周围的同事之间协作,企业就需要购买这样的产品。所以，**协作生产力工具对于企业来讲，可以变成收费的核心点。**

美国的市场还是比较成熟，客户采购云服务的趋势也成熟。国内现在也在向这个方向变化，但总体还是偏向于自己部署。

王 安　　不仅仅在开发者工具领域，国外所有领域都会有标准组织，大家也都会加入标准组织，影响标准，通过标准组织来进行行业协作。这些标准组织是行业内生的需求，企业都明白一个道理，我们虽然是竞争对手，但在行业里要有效进行竞争，把市场做大，让大家都有肉吃。

但国内还没有形成这样的文化，企业之间不讲求协作，国内的企业家没有经历过这样的迭代，可能还需要一两代企业家才会悟到这个道理，才会知道这个游戏怎么玩。

我大概有三年的时间在做标准。当时搞小程序，推小程序的产业解决方案，推动各个厂商做小程序，但极其困难，最后放弃了。因为所有厂商都要自己做标准，真正落地的时候互不信任。

中国企业还有一个问题就是安全感，虽然雇人需要几十万元，购买专业服务也需要几十万元，貌似差不多。但领导者往往会选择雇人，而不是考虑用人成本，因为这时候要的是掌控力、安全感和灵活度。所以，外部服务要想被采用，性价比需要明显超过企业的用人成本再加上安全感。

我认为，要切入企业客户，也要提高被替换性，很多产品增加替换难度，反而难以进入企业，因为降低了企业的安全感。可以说，标准和开源都是为了建立信任。

杨 攀　　中国现在各行各业，包括技术领域，大家都缺乏对标准的敬畏。

不仅仅是标准，还有最佳实践，例如，我现在**做开发者运营生态，国内和国外最大的区别就是，国外有一套最佳实践。**例如，开发者使用任何工具或者软件，如果有问题，就去 Stack Overflow；如果要加入社群，就用 Slack；如果对项目有问题，就去 GitHub 上提 issue。这样一个行业很容易就某个最佳实践达成共识。但中国大家谁也不服谁，我经常和各行各业的客户交流，说到最佳实践，很多人反馈说凭什么。

生态其实包括上下游，但中国的生态好像在黑暗森林里，大家都在防着上下左右到自己的领域里面来，有这样的心态，很难让大家开放。

两三年前，我跑过国内所有做云表格的厂商，问 CEO 为什么没有 API？大家基本上都说优先级很低，开发者没有需求。这个反馈很有意思，中国没有开发者把各家的 API 拿过来搭积木，所以这是一个相互影响的过程。

今年我也拜访了二线互联网厂商的很多 CTO，因为大环境的原因，客户的采购需求在下降。

但我有一个观点：短期利空，长期利好。因为，随着公司都在裁员，预算紧缩，不折腾，不采购，所以短期是利空的。但二线互联网公司的一把手和二把手逐渐会意识到：养人的成本最高。如果**经济转好，大家也会思考要不要招那么多人，如果招人，就需要找专业的厂商提供专业的服务。**所以这个是长期利好。

中国社会过去几十年发展得太快了，客户这些年也没有遇到过什么值得信赖的产品和服务。

杜 欢　　我做企业服务这么多年，也对大家讲到的点非常有感触。客户为什么不愿意采购 SaaS，或者经常希望你能私有化部署，甚至要源代码。其实客户就是希望能够全局掌控，不希望有一天发生意外，无法控制。

从做开发者工具和服务的角度看，只有这个产品确实能够提升组织的效能，或者如果不采购，可能会给公司带来法务上风险的时候，才会做出采购决策。

闫 辉　　那大家能不能谈一下，开发者工具和服务在公司的决策链是怎样的？

王 安　　我们的产品递进层级比较明显，因为工具链条比较长。最开始是 IDE（电子集成驱动器）产品，是开发者的个人工具，这是典型的 toC 需求。我们的编辑器是开放的，不仅仅能做 uni-app，还能写普通的网页和代码。进一步的导流是到我们的 uni。这时企业就需要做选型，如果要做一个具体应用，什么样的引擎开发效率更高，企业希望选择更简单、市场占有率更大的。

　　　　　开发者生态也是客户需要考虑的因素。我们的插件市场有 7 000 多个插件。在国内做小程序几乎没有其他的选择。

　　　　　接下来是从引擎导流到云服务，也就是我们的 uniCloud。我们发现客户不喜欢被巨头绑定，所以我们做了标准的引擎，让用户更加信任。

杜 欢　　我们的产品因为和开发者关系密切，所以战略层面是开发者优先、API 优先。我们的服务面向企业提供的时候，很多采购是完全由开发者发起的，这也是我们的产品转换的一条重要路径。

杨 攀　　我们在讨论开发者，开发者到底是谁？

　　　　　我们一个社区的开发者过来，我和他交流，为什么要用这个产品。对方说：领导让我用的，产品好不好用程序员并不知道，可能是因为有名，也可能是因为其他原因。还有一种情况是，程序员说，我觉得你们的产品很好，但领导不让更换或者不让用。所以，中国市场是我们的技术决策者在做决策，一线工程师决策权很小。

　　　　　国外更多的是自下向上推动的，一线开发者的决策权非常可观，基于实践角度觉得有意义，就会引入项目中。

　　　　　客户决策也是有风险的，如果最后是领导拍板，那肯定选择市场头部的产品。头部评价与技术好不好不完全一样，但产品好有助于获得头部地位和领先的品牌，让客户感觉选择你的产品是安全的。

我们在做运营的过程中，尤其是在中国这个大环境下，决策者采购一个产品或者服务，一定会思考，会受到什么样的挑战，以及如何应对。

闫　辉　　我们知道，国外的开发者工具和服务更为成熟，如果这些产品或者服务进入中国市场做本地化运营，有哪些建议？

王　安　　我觉得现在这个阶段机会很少，大家都很保守。当然，很多公司采用合资的方式在做，这能解决本土员工的激励和决策，而本地决策有助于产品本土化改造，满足本地客户的需求。

但美国公司把服务引入中国没有性价比。如亚马逊，除了政策限制，在定价体系上和国内的 BAT 竞争还是很困难的。

现在反而是中国企业往外卷更现实，除了文化外，还需要在英文社区中能够运营。

杜　欢　　我感觉开发者市场还是具备一定的全球化特质，因为开发者这个群体的全球化程度比较高。毕竟大家都是基于互联网，各种开源项目随时可以看到，也方便交流。

杨　攀　　我也同意王总的观点，**国外的产品进入中国没有什么机会。从商业化角度，做非常大的本土化适配，无论产品还是商业模式，都很难落地。**但开源项目，或者大厂在国内做布道，提升品牌形象还是很重要的。国外中小公司进入中国市场没有什么机会，反而中国的开发者产品和服务走向全球还是很多机会的。

云原生与程序员创富

关键对话 人物

谭晓生　　北京赛博英杰科技有限公司创始人、正奇学院网络安全创业营创始人，2018年获中国互联网发展基金会网络安全优秀人才称号，中国计算机学会(CCF)理事、副秘书长，CCF YOCSEF 秘书长，教育部安全科学与工程类专业教指委委员。

蒋烁淼　　观测云创始人兼 CEO，资深系统架构师和软件架构师，DevOps、SRE、IaC 理念推动者，也是国内最早一批投身云计算方向的创业者，在业界被称之为"中国云计算试飞员"，其创立的观测云品牌，快速推进了国内可观测性理念的发展，引领行业颠覆性数字化变革。

徐　毅　　华为云 DTSE、华为云开发者联盟技术布道师、华为云 DevSecOps 生态首席专家、华为研发能力中心特聘敏捷顾问、中国敏捷教练企业联盟副秘书长兼专家委员、云原生产业联盟 DevOps 标准工作组副组长、全国信标委软工分委会软件能力开发标准工作组副组长、EXIN EPG(国际信息科学考试学会专家智库)成员。

关键对话 内容

云原生是一种行为方式和设计理念，究其本质，凡是能够提高云上资源利用率和应用交付效率的行为或方式都是云原生的。云计算的发展史就是一部云原生化的历史。Kubernetes 开启了云原生的序幕，Serverless 的再次兴起，使得云原生从基础设施层不断向应用架构层挺进，目前，我们正处于一个云原生的新时代。云原生的生态十分繁荣，涉及的技术栈庞大复杂，并随着行业发展在不断丰富壮大。

但各行业对云原生的需求、落地的时间点还存在争论，云原生带给程序员的机遇和挑战是什么？本期我们邀请三位嘉宾进行交流和分享。

闫　辉　　今天我们邀请几位嘉宾围绕云原生的技术发展和带来的机会，进行观点探讨和思考。首先，请各位嘉宾简单地介绍自己，并谈一下对云原生是如何看的。

蒋烁淼　　大家好，我是观测云的 CEO。

云原生，从英文 Native Cloud 字面上的意思，就是云时代的原生应用。也就是说，利用云作为基础的应用程序。现在很多人谈的只是云时代的应用框架，如 K8s 本质上是一个多集群的进程管理器，它带来的最大改变是融合了容器技术之后，能够改变软件交付的形态。

最早提出云原生的是谷歌,因为它是公有云市场后来者,所以希望能提供一种跨越云厂商的免费方案。类似安卓,里面也有它自己的商业计划,但这也是大家愿意看到的方向。这样,云不再是一种服务或者传统意义上的技术。

我吐槽一下中国的公有云厂商,大部分水平不够,尤其是认知。美国有做云原生数仓的公司,提供新形态的存储方案,通过大规模、高性能、分布式来提升能力,抛弃了传统硬件、传统数据库的思维模式,做出新型的产品。

而中国云厂商,还在认为对象存储就是放点图片、文件,做静态加速。这如何能够把基础做好呢?最近很多人使用云原生扩容时发现库存不够,如果做云厂商连弹性能力都不能保证,何谈云原生?

谭晓生　　大家好,我是北京赛博英杰科技有限公司的创始人,我在离开360之后,做的是网络安全的创业孵化,以及培训和产研研究报告。从做投资到现在,两期基金投资了8家创业公司。

过去20年,云计算这个词包含的内容其实发生了很大的变化。从开始的虚拟化,到后来有了容器,之后有了容器编排。在虚拟化时代,对程序如何编写影响不是很大,因为虚拟机的生存周期经常是几个月甚至几年的时间。但有了容器和K8s之后,一个容器的生存周期可能会几分钟。这时程序架构方式就发生了改变,原来用IP来绑定服务已经不现实了。甚至,安全防御的思想也发生了很大改变,过去用IP做ACL控制就行,现在一个IP后面有很多不同的微服务,带来了巨大的冲击。

为什么会走到云原生这一步?云原生本质还是商业上能够用更低的价格为用户提供更好的服务,也是获得竞争优势、降低成本、提高灵活性的需求驱动的。

去年,一家创业公司需要在全球部署接入,如果要部署这样的网络,可能在用户还没有之前就需要花费上千万元。但因为这批人是从阿里出来的，一开始构建服务的时候就使用了云原生，只有在用户需要服务的时候才快速地在公有云上租用节点，随着业务和用户的增长，可以快速地部署和扩容服务节点。用户不使用也能很快拆掉，减少投入。过去这种产品和模式只能大公司搞，现在创业公司也可以做了。

另外，云原生带来软件开发模式的改变。用户业务对开发速度的要求越来越快，而且要成本可控。国内某大型商业银行也在使用云原生打造自己的业务系统。

徐 毅 我原来是搞敏捷的，其实传统的研发团队也能使用敏捷，即便你不完全照敏捷方法，也能享受到好处。云原生带来的开发者的思维转变也非常大，之前都是开发单体应用，全部都在自己的掌控之中，但现在开发应用，全是在调用各种服务，有时候需要协调和修改。所以，我们也倡导服务化。

另外，对于刚刚毕业或者新的程序员，他们学到的还是老一套，虽然一些学校开了云计算的课程，但缺少环境，实际上没有达到开发云原生应用的水平。

闫 辉 我们知道很多技术遵从一个 Gartner 曲线，也就是从火热追捧到冷冻到冰点，然后又逐步爬升，各位嘉宾认为云原生处在这个曲线的哪个阶段呢？

蒋烁淼 之所以有这个 Gartner 曲线，是因为厂商或者咨询机构需要输出概念、营造市场需求，本质上当一个词语炒过之后会回归，然后在长期过程中找到本质。

对于云原生，我要反对一个观点，就是很多人认为容器化技术是一个很难的技术。认为这种系统很复杂，不应该去追求云原生。实际上，我们公司有很多新人，他们工作时间并不长，但对云原生认知很好。为什么呢？因为他们没有被原来的教条和经验捆住。**我们不应该拥抱过去，而应该拥抱未来，各种积极的技术和趋势。**

云原生在我的眼中没有过热，也没有过冷，只是在正确的场景和架构上使用。从架构师角度，今天构建云原生，不是为了让工程师更难，而是让开发变得简单，尤其是针对业务工程师，让他们不需要关心环境，只需要把代码写好，把算法写好，把逻辑写清楚。

如果回归商业和业务的本质，为什么云原生越来越强大？本质上是因为云厂商、SaaS厂商和整个软件交付行业都在发生变化，只要你的业务需要弹性，需要降低成本，就需要云原生。

谭晓生 我认为云原生在国内处于曲线爬高阶段还没有到顶，欲望之巅还没有开始破灭。

Gartner曲线反应的是人们面对一种新技术的心态。我在国内看到有些用户特别喜欢云原生，但还是有很多客户没有采用云原生，因为没有必要，他们的业务场景不需要。

徐　毅 概念还是很重要的，吹一下概念能起到普及认知的作用。

从我的角度看，我认为现在到了泡沫破灭的阶段，因为云原生吹了很多年了。现在大家都在关注要不要做具体的事情。现在越来越多的企业开始动起来，如很大的央企、民企都在谈这个事情。

从创新鸿沟的角度看，已经到早期大众了。只是我们需要解决一个一个问题，也就是具体的业务场景。很多企业并不需要所有都是云原生，也可能是私有云部署，或者混合云或跨云部署。

闫　辉 请各位嘉宾谈谈什么场景需要云原生，什么场景不需要云原生。

蒋烁淼 我的观点也不是赞成所有地方都用云原生。

换一个角度，CSDN网友大部分都是程序员，要在这个行业里生存，或者混得更好，永远绕不开的就是必须学习。**这个世界是很残忍的，如果不能跟上技术趋势，就会被淘汰。我每天花大量时间在看代码，因为我需要了解最新的思想，有了思想才能指导公司的发展。**

云原生不只是一个技术问题，而是一种思想。未来五年后可能有更多新的技术，如果跳过云原生这个阶段，你可能会更不适应。

什么业务适合云原生？

我认为如果业务单元比较容易切分，场景中引入微服务或者容器化，承载这些基本功能单元，把边界分得更开，在分工更细的情况下，引入云原生是非常好的。但如果程序本身很简单，每天访问量很少，那用什么技术都无所谓。

云原生不仅改变了软件的运行状态，还改变了软件整体发布的生命周期，现在发布程序大家没有人用 FTP 上传这样的方法，都是用 Git 的方式。用云原生，本质上是改变了管理和运营应用系统的整体现状。无论开发、测试还是运维都进一步工程化了，更加标准和体系化，也就是用代码来驱动系统，而不是用人驱动系统。

站在工程师角度，如果要提升自己的工程质量和软件质量，就不得不考虑云原生。很多人在谈云原生生产环境和开发环境差异太大，测试工作发生了很大的变化。其实大家没有意识到，测试本质上就应该在生产环境中实现。因为 60% 以上的系统 Bug 不可能在测试环境发现。

所以，云原生时代如果使用非云原生的工具，就容易出很多问题。这也是包括我们在内的很多厂商努力的方向，让云原生时代变得越来越简单，而不是越来越复杂。

徐 毅   对于大部分开发者来讲，云原生的价值不在于这三个字，而是代表了技术的大方向和趋势。另外，程序员也要理解，背后的理念和现实也有差距。例如很多传统企业，可能学云原生几年时间也看不到希望。但至少你可以为自己做技术储备，便于未来换轨道。

所以，程序员要了解这些技术产品和工具，学习过程中能带给你新的思路，因为任何一个技术的诞生背后都有理念。

现在，很多 IT 系统都要支持多种业务形态。如果一个系统要支持多个租户，或者如果你的业务的波动性特别大，或者当一个新业务起来的时候，或者快速发展阶段，云原生技术可以起到很好的作用。

闫　辉　　对于云原生技术，很多程序员感觉与自己没有什么关系，认为这是运维和技术主管才需要关心的事情。所以，云原生的采用决策哪些人比较重要？

蒋烁淼　　你刚才讲的确实是一个正确的状态，因为业务开发工程师真的不太需要关心云原生。

但运维这个词有一些问题，我们知道传统运维就是做三件事情：搬机器、插网线、装操作系统。今天的运维其实是系统可靠性保障工程师，也就是系统工程师。

程序员有两种，一种是系统工程师，一种是业务工程师。如果你做架构设计，其实更偏向于系统工程师。**有培训机构卖课程，传递了一个错误的概念，就是把运维岗位的价值降低了。我们看国外的系统工程师，通常他们的薪水比业务工程师要高。**

云计算相关的技术，主要是系统工程师的工作。公司内部要决策要不要上云原生，背后的逻辑在我看来就是：公司要不要工程化？软件开发要不要工程化？软件开发要不要体系化？要不要做一个高质量的软件？要不要做一个技术先进的团队。如果你的答案是 No，那你就不需要云原生。但这样的公司，我认为也是一家没有希望的公司。

谭晓生　　刚开始，我还以为蒋总歧视运维工程师，因为我从 2010 年在 360 管运维，刚开始玩也觉得就是搬箱子，很看不起。但后来公司快速成长的时候，发现手工运维根本搞不定，被迫采用自动化等手段。之后有了云计算，我们当时用七八十个工程师管理了十万台服务器。那时如果用人去管理，插网线，装操作系统肯定不行，所有这些都是通过自动化完成的。

是否采用云原生应该有几个角度：

（1）站在公司负责人角度，公司的主要业务并不是 IT，而 IT 仅仅是业务的支撑手段或者业务的实现手段，采不采用云原生需要按照业务场景来判断。

（2）对于技术负责人，如 CTO 或者架构师，也有于公于私的角度。从于私角度，如果希望自己未来职业发展得更好，则应该追求更好的技术，但于公的角度，如果公司业务就是非常传统的业务，云原生带来的好处不见得大，这时就可以去保护已有投资，不去做技术架构的换新。

（3）**站在普通工程师的角度，如果自己要成长，想成为一个架构师或者 CTO，那云原生这个技术毫无疑问应该是要学习的。**

我们不能一味说不采用云原生就没有前途。因为从商业规则看，这与企业的业务有关。如果业务很稳定，而且没有太多新开发，那就小车不倒只管推。但如果有些业务要做数字化转型，云原生可能就是非常必要的。

徐　毅　　我到华为之后，发现华为对所有员工的要求，基本上 13 级到 21 级的活都要能干，上能够去谈战略，让领导同意你做，下能够解决具体操作问题。

基层员工可能不需要关注理念，只要能运用技术或者产品满足业务需求就可以；但中间层级可能需要理解理念，协助上面的领导做决策。至少要在技术层面能够做出判定。在最上层，就必须讲清楚采用这个方案带来的价值,也就是我们经常被灵魂两问:你解决的是什么问题?创造了什么价值?

闫辉 关注程序员这么多年,我们发现一点:最早的时候程序员只需要选择 .net 或者 Java,但随着移动平台技术出现,开发者需要选择 iOS 或者 Android。随着开源的项目越来越多,尤其是云原生,整个开源的产品体系太大了,产品也特别多。对程序员来讲,是不是他们要学习的东西太多了,学习成本是不是更高了呢?

蒋烁淼 我曾经在 CSDN 上写过一篇文章,提到不会三种语言的程序员不是好程序员。这句话背后的逻辑是什么呢?我认为,计算机最根本的知识就是操作系统、网络、数据结构、算法,还有一些协议,这些才是最根本的。

语言只是一个工具,你在什么场景中就要选择什么语言。**如果一个程序员要保持自己能快速地接收新知识,能够不被那么多纷繁复杂的技术困扰,根本上还是要回归本质,回归计算机原理。**如果基础知识扎实,你可以很快做出判断。如果没有基础,只靠死记硬背就很难理解。

我长期以来的一个观点是:**做一个优秀的程序员,基础最重要,因为基础不牢,地动山摇。计算机行业的历史,永远就是新瓶装旧酒。**当一个新技术在眼前的时候,不要看纷繁复杂的名词,因为很多技术名词都有商业的诉求在里面。

谭晓生 我感觉找到知音了,我从毕业到现在正好 30 年。计算机行业就是不断在用新瓶装旧酒。计算机体系结构这些年没有大的改变,但各种新概念不断出来。计算机基础牢靠之后,不管包装什么新花样,学习起来比较快。当然学习还是有一定的负担和开销的,也需要时间。

我在后 20 年，其实并没有特别写过程序，带技术团队的时候，我如何做判断呢？其实就是大脑快速地回扫计算机基本原理，判断对方的逻辑有没有错误，如果逻辑上有错误，那就要被挑战，而且基本上都是我赢。

对于云原生，程序员需要理解这只是编程模型的改变，依然没有挑战 30 年前学习的计算基础原理。 它只是程序的架构、结构方式产生了一些改变。搞计算机专业，不能故步自封，就是要不断地去学习，把新知识快速连接到原有的基础知识框架上，掌握这个方法，学习新技术就不会有特别的困难。

闫　辉　我们发现，国外大家喜欢一起制定标准，然后大家按照标准来做产品，这样客户可以很方便地进行替换。但国内的云原生好像有一种趋势就是把客户锁死在自己的平台，这方面大家有什么看法？

蒋烁淼　我旗帜鲜明地反对一件事情：就是全家桶模式。各种平台都喜欢搞全家桶，但里面总有一些产品是有短板的，客户很难受，又换不了。有些大厂里面的产品，某个模块是一个团队做的，后来这个团队可能因为各种原因解散了，结果客户被坑了。我发现很多云厂商的组件生命周期也是不确定的，虽然他们核心的产品生命周期绝对长，但边缘组件的生命周期实在无法判断。

中国的云厂商和国外的云厂商最大区别就是 API 糟糕得要死。没有 API，产品之间融合成本就很高，导致客户被迫使用全家桶。全家桶又做不好。这种现象也发生在中国提供软件或者 SaaS 的厂商中，大家都陷入这样一个怪圈中。

谭晓生　国内的云厂商就是这样，我是尽可能避开不用。从一个健康的生态来讲，确实应该走向开放。

闫　辉　　　最后，请几位嘉宾总结一下，云原生对于程序员的价值。

蒋烁淼　　　对程序员来讲，我觉得有一点最重要，如我的 iOS、Mac 操作系统和技术栈知识，一定要最新的。

　　　　　　云原生和云计算是成长中的技术大牛、技术先进分子聚集的地方。站在程序员角度，你不关注、不学习、不研究这个技术，未来的成长就会发生很大的变数。很多时候，35 岁被淘汰，我们需要先反思自己，是不是知识结构跟不上时代发展了。

谭晓生　　　云原生与大家上学的时候学习的知识有很大的不同，如果你比较关注自己的职业生涯发展，这方面是必须要学习的。

徐　毅　　　云原生是一个热词。大家不要太介意，有一句话说所有的热词都是错的，但其中有一些是有用的。所以，程序员只需要从这个热词中挖掘到对自己有用的知识去学习、掌握就可以了。

在硅谷
如何做开源创富

人物 关键对话

Michael Yuan

Second State 创始人、WasmEdge 发起人，在开发和商业化开源软件方面拥有丰富的经验，是 JBoss 的早期员工、RedHat 的产品经理。经历了硅谷 OG 开源软件公司融资、验证商业模式、收购退出的全过程。他一直活跃在基础软件开发、销售、投资的第一线，在美国出版过 5 本软件工程的专著，并被翻译为多国语言。

翟 佳

StreamNative 联合创始人，先后就读于华中科技大学计算机学院和中国科学院计算技术研究所，毕业后加入 EMC，从事分布式、文件系统、流存储相关的设计和开发。之后加入 StreamNative，从事开源项目 Apache BookKeeper 和 Apache Pulsar 的设计和开发工作，主要集中在消息和流存储方向。目前是两个项目——Apache BookKeeper 和 Apache Pulsar 的项目管理会成员。在分布式、存储、消息等领域有深厚的积累和经验，工作过程中在相关领域先后获得中美专利 10 余项。

关键对话 内容

现在，开源已经成为科技创新的重要模式，开源服务因为低成本和灵活等特性，整体市场呈现规模化高速增长。从 2013 年到 2020 年，开源 + 云原生带动开源商业 10 倍速增长。其中，硅谷的开源公司成长最为迅猛，有几十家的开源技术上市公司。为了探讨如何更好地抓住开源趋势，我们邀请了几位在硅谷开发和商业化开源软件的嘉宾，和大家分享硅谷的开源软件创富的经验和体会。

闫 辉 今天我们的主题是硅谷开源创富，我们先邀请两位嘉宾做一下自我介绍。

Michael Yuan 我进入开源领域比较早，和很多人的经历一样，我在中国的大学毕业后去美国读博士，读的是天体物理的博士，读完之后发现找不到工作。听说程序员赚钱多，因为读博士的时候也是天天写程序，于是决定找程序员的工作。

但我面试了一圈，包括微软，到最后发现博士工资起点比较高，公司觉得不划算。于是一气之下就去做没有壁垒的野生程序员，也就是开源软件。

最早我参与的项目是 JBoss，当时从浏览器转到服务端有一波很大的红利，那时 Java 服务器的很多产品都是闭源，而 JBoss 是开源的，在市场中造成了很大的鲶鱼效应。那时微软还认为开源是行业毒瘤。

做开源软件一开始其实也赚不到钱，在美国也挣不到，我们也融不到资，跑到硅谷都会被投资人笑话，经常被问："搞开源软件，知识产权不是你的，你怎么敢说能挣到钱呢？而且谁都可以拿着你的软件来做，这些事情在我们的项目上也都发生过。"

但后来证明这些看法不对，当然我们也非常幸运。项目做了几年后找到了真正的商业模式，后来就被红帽并购了。

20年时间，我看到了开源发展的有趣历史，也见证了开源的三个半商业模式，中间我也做过投资和其他相关的事情。

2019年，我们觉得Web类技术从浏览器端向服务端转化，这是一个跨平台的技术，我们看到了这个做Web生态的契机，于是做了一个WasmEdge的开源项目。

当然我们今天也仍然遇到投资人问：开源怎么挣钱？其实这个问题一直很难回答。

翟　佳　　袁老师经历比较丰富，我的经历相对简单一些。2010年从中国科学院计算技术研究所硕士毕业，因为毕业过程中大部分从事的工作与存储和文件系统相关，所以毕业后加入EMC做老本行。在公司工作中遇到一个开源项目Pulsar，与Kafka和RocketMQ是同一个象限，但是一个相对比较底层的信息流基础设施，这个存储项目公司内部要使用，我发现这个项目有很好的设计和新理念，也觉得这个项目能解决公司的问题，于是投入项目的开发和布道中。

后来Pulsar成为正式项目，于是我和另外一位创始人郭世杰投入更多精力，全职投入开源。Pulsar项目是2012年做的设计，2016年开源，之后捐给Apache基金会，2018年毕业成为正式项目。

闫 辉 　　袁博士已经讲了一些开源不同阶段的商业模式,能再详细地谈谈中间的变化吗?

Michael Yuan 　　1997 年,红帽上市的时候,当天股票上涨了 7 倍。那时候,大家就很看好开源,觉得很厉害,但没有人知道怎么挣钱。

　　JBoss 一开始也不挣钱,我们的创始人是一个法国人,学物理学的博士,公司当时有 5 个博士,都是找不到工作来做开源的。当时,创始人在论坛上跟人吵架,有人说有你这么对待客户的吗?我的创始人说,只有付钱的才是客户,你不付钱就不是客户。

　　结果有一天,事情发生了变化,这天突然有人打电话,就问了两个问题:第一,你们是谁? 第二,怎么给你们钱? 我们就觉得很奇怪,为什么以前一直找不到人付钱,怎么突然有人愿意为开源软件付钱了呢?

　　后来才发现逻辑其实是很清晰的。因为在银行这种机构,我们的开源产品用在了生产环境。那时,开发者在家里使用是不会给钱的,但开发者带到公司,有可能绝大部分人也不会给你钱。

　　但是,有天要上生产环境的时候,公司 CIO 突然说:这是什么? 为什么要用这个软件? 程序员就会说,因为我喜欢用这个产品,所以我把他做到我们的解决方案里面了,如果你不愿意,我可以把他拿掉,但这部分重新开发可能需要等一两个月。

　　对 CIO 来说,时间成本太高,而且出了问题需要有供应商来背锅和解决问题。就这样,找供应商的时候就会找到我们。搞了很久的社区,大家都不付钱,但等到社区的人拿到生产环境了,那就有公司愿意付费了。

　　开源模式非常有优势的一点是:不需要销售,不需要找到客户,因为对方是开发者,都自己搞好了,对方打电话过来就是为了给你付费,因为对方不能在没有技术支持的情况下上线。

　　但这种商业模式也有一个很大的前提:那就是这个软件一定是

关键节点。也就是如果这个软件出了问题,这家公司的CIO,甚至CEO是要丢工作的。所以他们不在乎一年付给你10万美元甚至更高,但你的软件要卡在那个位置。

这么多年以来,真正以这种模式能够收到钱的就两种:一种是操作系统,一种是数据库。这也是开源数据库特别多的原因,开源数据库从来没有人质疑过他的商业模式,只要你做成功了就会有人付费。

但做开发者工具,用这个方法是收不到钱的。哪怕公司全部开发者都用这个工具,出了问题也没有关系,CEO不会因为这个软件丢工作,所以就没有办法收到钱。

这是第一种开源软件商业模式,但限制条件比较多。

第二种商业模式就是OpenCore。也就是开源产品绝大部分都是开源的,但有些功能是闭源的。闭源的能力主要有几种:如企业内部协同的部分,单个开发者可以免费使用软件,但带到公司环境要使用的话,就会发现付费之后更好用。

Docker就是一个例子。本来他们希望做第一种模式,就是做成操作系统,类似红帽那样卖软件,但这种方式卖不动。后来他们就搞了每个开发者每个月收10元。我记得当初搞这个模型时,所有开发者都说这个做法很傻,没有人会付钱。但事实上,开发者不付费不等于公司不付费。现在各大公司都在付费,因为付费后就有一些特性让公司可以统一管理大家机器上的Docker。这就是一些核心的特性让企业付费。

除此之外,从OpenCore上长出来的叫作云服务。这也是今天最流行的开源商业化的模式。软件你自己随便用,但用起来比较麻烦,需要你自己来管理,而云服务能够让你直接使用。

我们今天看到很多数据库软件也是以这种方式来商业化的。今天,很多成功的开源软件,都是以云服务形式在公有云上提供。当然,这种模式云服务厂商很容易抄袭,小公司很难和云服务厂商竞争。所以这种模式也被挑战得比较厉害。你会发现很多项目在修改开源协议，里面提到云服务提供商不能使用。

以上就是三个主流的开源商业模式。为什么说是三个半呢？因为还有半个商业模式，就是在区块链上。区块链基本上都是开源软件，这些项目可以通过在区块链上发 Token，但这种模式不主流，所以我觉得算半个。

翟　佳　　我们的开源项目有点像第三种模式。

闫　辉　　袁博士，在硅谷大家启动一个开源项目的时候，是如何思考的？会先考虑商业模式吗？项目的原始驱动力是什么呢？

Michael Yuan　　我觉得，很多好的开源项目一开始并不是从商业化角度来思考的。很多时候就是发起人要解决自己的一个问题：我有一个需求，我有兴趣做一下。

前两年有一个新项目叫作 Deno，就是 Node 的创始人的新项目。项目的发起人写了一篇文章，解释说虽然我是 Node 的创始人，但我觉得有 10 件事情做错了，所以想解决这 10 个问题，但不在 Node 里面解决，而是新起一个项目。然后就开始慢慢地做，做了好几年，而第一次融资和商业化是最近的事情，中间有四五年时间一直在默默做，社区也有其他人帮助。大家并不是以商业化为目的，我觉得 99% 的开源项目都是这样的。

翟　佳　　Pulsar 这个项目之前是在雅虎内部孵化的，后来雅虎捐献了出来。从雅虎的角度看，既然这个项目在内部已经解决了公司的问题，内部的工程师很可能会产生流动性，如果把项目开源出去，工程师的流动性就可以避免。

同时，因为内部可能有新的场景，可能还要投入人开发，但如果其他人在开源中做了这个场景，也可以节约这部分成本。所以，很多大厂是提供一个基础项目，继续使用这个项目作为保障。

新一代项目捐献给 Apache 基金会的比较多，因为基金会鼓励多样性。现在 CCF（中国计算机学会）的项目也起来了，很多人也会捐献给 CCF。当一个项目有了很多积累，又能解决很重要的问题，这时才会考虑与商业化相关的问题。

闫　辉　有人提到有些开源项目属于伪开源，就是这个开源项目大部分都是某个公司内部员工做的，外面的人很难提交代码进来。请问硅谷的开源项目，内部贡献者和外部贡献者的比例如何？

Michael Yuan　确实有很多这种情况，有些项目你根本不了解公司内部在讨论什么，你提交的代码当然很难被合并进去。很多大项目都是公司主导的项目。

我认为这也不是一件坏事。这个问题 20 年前就有，我们做 JBoss 的时候，很多人就说是假开源、伪开源，因为都是我们公司的员工在做。但事实上是因为社区不是很大，很多贡献代码多的人都被雇佣成了公司员工。一般我们都会说，既然你已经为我们项目做了这么多贡献，愿不愿意把这个当作工作来做，一般人都会愿意。

很多大公司开源的项目，这些人本来就在一个团队中，他们平时一起吃饭，一起讨论，有些内容也不对外，这造成外面的贡献者很难去参与。

我们现在看很多项目参与到 Apache 或者 CNCF（云原生计算基金会），比较有多样性。有些项目完全是从社区长出来的，有些原来就是公司的一个团队，后来这个团队被打散了，如 Rust 语言，这个项目的团队之前都在一家公司，后来团队出来，其中的员工分散在各大云里面，如 Amazon、Google、微软等公司都有这个团队里面出来的大牛。这个生态有一定的分散性，慢慢很多人都来参加。所以，人员集中和分散有好有坏。

翟 佳 我们的项目，公司内的人员贡献了 20% 左右，另外 80% 的贡献者来自腾讯、滴滴、雅虎这样的公司。这与项目团队愿意花费多少时间在社区中有关，如果别人做了贡献，你都不愿意抽出时间来 review 代码，参与者的贡献肯定达不成。

同时参与者与项目类型也有关系，如我们项目有在 EMC 做存储的工程师，也有 Salesforce 的工程师。如果是比较流行的语言项目，很多用户在使用，外部的贡献度会有一个自然增长的状态，因为总有新用户会带来新的需求，出来更广泛的接口，可以融入代码中。

闫 辉 硅谷的开源项目，产品和社区如何围绕开发者做运营呢？如何做对开发者友好的策略？

Michael Yuan 这也是我们整天问自己的问题。做开源为什么一定要开发者友好？

因为**如果你的受众不是开发者，其实不需要开源。我们看到很多 SaaS 软件都不开源，因为没有必要，受众不是开发者**。但如果做的是技术软件，为开发者服务的工具，大概要开源。因为开发者群体对自己的工具是非常挑剔的。

把开发者体验做好是一件很重要的事情。社区里面有布道师去宣传，而且开发体验变得越来越重要。

软件可以很复杂，但上手一定要很简单。TiDB 的黄总讲过，类似 TiDB 这么复杂的软件，如果要用起来，需要同时调动几台机器，这样的软件他都希望五分钟之内能够跑起来。作为反面教材，Java 中的 EJB 设计得非常好，但超级复杂，使用者需要读完很厚的一本书，才能写出"Hello, World"。我当时有位朋友专门写了一本书，抱怨 EJB 每次都让开发者"吃一整只大象"。

现在，已经有很多工具可以让过程变得更加简单，如让用户直接使用云 IDE，里面有配置好的环境，包括文档、视频等高质量的内容，这些都是提升开发者体验的地方。

翟 佳 的确是这样的，虽然我们面向的是付费客户，但做决策的是开发者。因此，让开发者更容易入手是我们这样的基础设施公司一直在追求的。

现在云原生的流行，让用户不用再搭建一个机器，而是直接可以体验，让流程变得简单。

早期客户的痛点有多明显，他们就愿意花费多大精力来尝试你的产品，但如果用户没有那么深的痛点，就需要把产品做得更容易让人接受、容易使用和更快体验。

闫 辉 开源的云服务模式最近增长特别迅猛，你认为本质的原因是什么？

Michael Yuan 首先美国市场对 SaaS 付费的意愿整体比较高，不管是不是开源，用户都愿意为 SaaS 付费。

开源的好处是不需要做很多市场工作。这种模式类似于用 toC 的模式做 toB 市场，用互联网公司的方法，让很多人都能把这个产品用起来，然后提升转化率。如果不开源，就需要做很多市场行为才能说服其他人使用，如需要有很牛的人来站台。

开源软件只要做到足够流行，就能想办法做成云服务。以前我们完全想不到前端的框架都可以做成云计算。如 Node Js 上轮 20 亿美元，很流行。我之前很长一段时间认为这个产品没有办法商业化，没有想到他们找到了一种简单的方法：Web 你当然可以自己去部署，但云服务可以一键部署，而且还有服务器渲染，还有很多环境，而且一个月就收几元。

为什么要做开发者市场？因为在美国，开发者是社会中最有钱的人群之一,打工人里面挣钱最多的是开发者。

美国有很多职业赚钱多,如医生,给医生做的工具就卖得很好。如医生的专用录音机,把每天的话录下来,然后拿到印度转化为文字,这个生意在美国有几十亿美元。因为医生有钱,愿意为这个服务一个月付几十元到几百元。

硅谷的开发者赚钱多,你给他解决一点问题,他都有相对强的付费意愿。开发者每天都需要花10美元喝两杯咖啡,如果你的工具可以帮我节省一个小时,那我就可以用10美元买一个使用。所以,开发者工具的市场规模就变得很大。针对开发者的开源软件如果让开发者用得很爽,通过云计算让他省一点时间,他就有付费意愿。如果有一两亿美元的收入,在股市上放大十几倍,就是几十亿美元的估值了。

翟 佳 我比较同意袁博士的观点,用toC的方式做toB市场,这对我们的基础设施软件也是特别适用的。

我们看到,欧美一些公司有针对业务场景理解很深刻的开发者人员,他们的决策其实更容易得到上层 CIO、CTO 的尊重。当然,海外开发者的话语权更重一些。但最近几年,中国 IT 行业也在发生这样的改变。开发者的决策权逐渐在被得到尊重。

另外,两地的差异也和汇率有关。美国一个合适的工程师每年20万美元,稍微复杂的年薪可能要40万美元,与购买一个产品相比,很容易算出 ROI(投资回报率)。但国内不一样,即便你一年10万美元,这笔钱我都能招聘两个人来做了。

闫 辉 那开源产品的决策链是怎么做的呢?

Michael Yuan 可以肯定的是,CIO 或者 CTO 不会在真空中决策,他们肯定受开发人员影响。通常意义上,职位越高,赚钱越多,话语权越大,但开源软件不太一样。

如飞书和钉钉，都是从软件开发公司先用起来，而且先让公司员工免费使用。产品可以免费，但团队的协同功能通常是要收钱的。很多员工用了之后，公司需要进行管理，尤其是入职和离职之后的资产等，这些特性都是要收费的，因为这些功能是面向公司负责人的。

所以，我们开发产品的时候，要让开发人员用得很爽，但最后收钱的原因是让公司负责人接受的特性。举个例子：有一个网站专门负责把上传的图片自动调整为不同的尺寸，不同的手机，不同的分辨率，大小都不同。因为很多手机娱乐公司有这个需求，当开发人员觉得没有必要自己开发的时候，就使用这个服务。但是，当准备上线的时候，开发人员说现在使用的是试用版，如果上线需要购买正式版，不然很快就不能使用了。大家就会问：你为什么不早说？如果要是自己做需要多久？开发人员说需要两周。CTO问多少钱，10美元一个月，但这个服务是按流量收费的。一旦使用起来，什么样的条件下才会愿意自己写这个服务替换呢？是在一个月付了3 000美元之后，才会有足够的意愿重新替换。很多SaaS产品就是这样抓住开发人员的。

翟 佳　　我们虽然是基础软件，但对于开发人员来说，也面临一些选择：是自己重新开发，还是基于某个开源项目二次开发？中间核心是ROI的问题，哪种方案更划算？当前哪种是最优的方案？决策链本质上都差不多，就是用最小的投入解决当前的问题。

闫 辉　　袁博士在新加坡正在做一些开发者的社区活动，请问开源项目的社区活动是如何运营的？

Michael Yuan　　社区活动是我们这种项目的核心竞争力，必须要做。当然，不同国家的社区不太一样，包括中国的社区、美国的社区、印度的社区、东南亚的社区。

例如北京这么大的城市，活动不一定好做，因为城市太大了，虽然有 2 000 多万人，但你随便选个地方，如选海淀区，朝阳区的人不一定会来。硅谷也是这样，在南湾做活动，其他地方的开发者不一定会来，因为开车要一个多小时。但新加坡很有意思，因为城市小，随便搞个活动，大部分人住的地方半小时之内坐地铁就能到。所以，新加坡每天晚上都有很多活动，很多人参加。

做活动也有很多知识点。活动还是为了破圈，不能每次都是固定的几个人。所以，我们经常是和其他类型的活动一起组织，每次都有不同的主题，比较具有多样性。当然，搞开发者活动也是一个重活累活。

闫 辉 我们的话题叫作硅谷开源创富，帮忙介绍一下在硅谷开源项目的融资是怎样的？估值模型是如何做的？

Michael Yuan 当年 JBoss 去融资，讲完 PPT，因为当时还没有变现模式，只是一个开源项目，投资人就直接表示你们这是一个 Bad Business，是我见过最差的 Business。

早期投资其实投的就是创始人。市场上的早期项目，估值和地区、历史时间段相关，不太一样，与二级市场也有很大关系。

一些开源项目因为需要足够大的社区，所以 GitHub 的 star，有多少贡献者，多少人在用，有没有落地场景，这些都会影响到估值。

一旦公司有收入了，就可以按照 ARR 来计算未来的收益。首先，一个成功的创业公司需要有一个能够卖出去的产品，并且能够给销售团队一个明确的信息，让他们能够有效地销售产品。这不仅意味着产品要有市场需求，用户愿意为之付费，而且还需要一个能够管理销售团队的机制。然而，许多创始人并不擅长管理销售团队，这可能是他们的短板。因此，当公司需要管理销售团队时，创始人可能需要找到适合的人才来帮助他们实现销售目标。

公司在增长阶段，需要不断扩大市场规模。当公司能够让产品的销售额增长10倍时，它需要有一个机制来帮助销售团队更好地推销产品，从而进一步扩大市场规模。

创业公司需要先有一个厉害的产品，然后要能够销售出去，并且有一定的销售机制和能力。其次，如果公司能够实现增长，达到规模的扩张和盈利，那么估值就会变得更高。最后，对于创始人来说，跟随市场风口融资是非常重要的，因为这样才能够有足够的资源和能力来渡过难关。

闫辉　　中国的开源从业者或者程序员如果要做开源，请问有什么建议给大家？

Michael Yuan　　提建议还是应该让成功的人来做，我们现在也还在路上，所以不能提建议。

做开源有很多收益，不一定要做个公司出来。程序员是这个市场上赚钱最多的职业之一。要找一个好的程序员工作，**如果自己有开源软件作品，这比什么都有用，因为别人可以直接看到你的工作成果**。大公司里面很多工作是不开源的，所以你可能工作了10年，没有任何东西可以拿出来，你只能在简历上写做过什么项目。所以，开源项目在简历上表现出来对于找工作是有好处的，能不能做大，或变成一家公司，这有运气的成分。

翟佳　　开源项目确实对个人提高很有用，能够得到很多锻炼。开源可能不是一把万能钥匙，它只是一种不同的方式，能够降低市场和销售的投入，通过社区的方式，获得未来的发展方向，带来更大的确定性。但开源不一定在每一个方向上都是一条最优的路、最高效的路。很多基础设施的创始人经过深入思考，他们就是坚持闭源的道路。

3

对话 3 部分

行业趋势创富

程序员
如何出海创富

关键对话 人物

林兴陆　　　　FogWorks 联合发起人。13 岁辍学开始自学计算机编程，17 岁加盟瀛海威，先后曾在润迅、恒基伟业任职。2000 年与刘韧共同发起 DoNews，并和蔡文胜组建、收购过多家软件、网络公司，其中参与组建并任 CTO 职务的 265 网站已于 2007 年出售给 Google。

焦霖楠　　　　互联网产品专家，曾经担任当当网移动产品总监、易到用车产品运营副总裁，在传统互联网领域深耕多年，目前积极拥抱 Web 3，正在筹备某跨国网络招聘平台，帮助优秀的中国互联网人才开阔海外视野，拓展新的发展机会。

邵元胜　　　　坚果资本合伙人，投资关注领域：供应链出海及科技创新出海；多年上市互联网公司技术和产品以及创业经验，10 年及以上科技和消费相关中早期投资经验，累计主导和核心参与的投资项目达 30 家以上。

2000 年,《程序员》杂志第一期曾经出过一篇文章,叫《到美国去赚美元》。这是当时总编李学凌采访了在美国的一位程序员周奕后撰写的文章。可以说,这篇文章改变了中国很多程序员的命运,甚至由此诞生了上市公司。

20 多年过去,今天程序员出海的现状如何?未来的机会如何?面对这样的问题,我们邀请到了三位嘉宾一起来进行交流。

闫 辉 今天我们之所以来探讨程序员出海,是跟 CSDN 最早做的一件事情紧密相关。2000 年,《程序员》杂志第一期曾经出过一篇文章,叫《到美国去赚美元》。这是当时总编李学凌采访了在美国的一位程序员周奕后撰写的文章。可以说,这篇文章改变了中国很多程序员的命运,甚至由此诞生了上市公司。

虽然已经过了 20 多年,中国的程序员仍然在做一些出海的业务,我们跟大家分享一下,现阶段程序员出海大概是一个什么状况,有哪些事情可以做,对大家来讲有什么机会。

坚果资本一直在投出海的项目,请元胜讲一下整个出海的业务状况,以及有哪些是和程序员相关的。

邵元胜 出海近三年比较热,但我们基金是 2013 年就开始在关注。最早一波是游戏出海,还有一般的外贸出海,也就是所谓的跨境电商这一波。回首过去这十几年,其实很多出海的一些创业品类,我认为绝大部分其实都适合程序员去做,如面向海外普通 C 端消费者用户的付费工具软件。这种模式在国内不太成立,但是在海外特别是在欧美发达市场是成立的。如视频编辑修复工具、图片编辑修复工具、PC 手机设备管理工具、数据恢复工具等,在深圳这样的公司还有好多家,虽然收入体量小,几千万元不太大,但是净利率还是挺高的,我看到的至少就有两三家。

还有就是 2014、2015 年,国内出现了几波做工具流量矩阵,然后以流量矩阵去做广告的公司。如猎豹、APUS,这种也是典型的程序员创业的项目。

还有很多也跟程序员相关,如游戏、网络文学小说、语音聊天房、视频直播等,这些领域都出现了很多厉害的公司。这些属于虚拟内容出海,可以规避掉对海外本地化的要求,因为全球不管在哪个区域,人性还是相通的。

除了 toC,还有很多 toB 的,如跨境电商类的管理软件、营销类的 SaaS 软件,很多公司的 CEO 都是程序员出身,如店小秘等公司估值都已经几亿美元,甚至一二十亿美元。他们面向的客户很多是跨境的中小卖家,以及海外本地的一些中小卖家。

如果你在国内做中小客户的 SaaS 软件,很多时候不太成立,但在海外是可以成立的。有一种说法是国内的小企业的平均生命周期只有 1.8 年,但海外很多小客户的生命周期可以高达 7.6 年。所以,做海外市场的一些中小客户软件,这个逻辑可以成立。

我现在还关注两类比较新的方向。

一个是面向海外本地的中小 B。我在上海看过一家企业,它服务于欧美特别是欧洲的一些华人小超市,给他们提供一套软硬件的产品。他们的团队能力,如果以国内同行的水平来比,水平并很高,但是他们服务的客户付费能力要比国内好很多。

这就是讲，**出海面对的客户付费能力比国内强，但产品要求比国内低很多。所以，我认为这块还是有很明显的红利。**

另外一个方向是 Web 3。这块在国内发展比较麻烦，我也在关注学习，只是一知半解，其他的两位嘉宾可以更多分享这块的内容。

这是我整体地对程序员出海可以创业的品类的总结。

闫　辉　　元胜讲得很好。如果不听你谈这些，我们就不了解去做一些海外客户的 SaaS 产品和工具，就不知道这也是一个机会。

接下来我想请霖楠讲一下针对出海的程序员人才的需求。

焦霖楠　　好的。刚才元胜是从投资人视角看中国企业怎样去寻找海外机会。我从海外企业对中国的程序员人才有哪些需求的视角讲一下我看到的现状。

目前招聘中国工程师的海外企业有几种比较典型。

第一种是大家都比较熟知的欧美大厂。欧美薪资待遇高是全球知名的，如 Google、Facebook 这些大厂，可能高校毕业生起薪就 10 万美元左右。如果表现好，可能三年后薪资一般都会涨到 20 万美元以上，所以说他们薪资水平非常高。

从人才角度，肯定觉得这个机会非常好。但如果站在企业角度看，会觉得成本非常高。所以这些大厂也会考虑全球化。但是语言的关系，印度工程师是最大的来源，中国工程师其次。

之前很多人都非常向往去硅谷学习和工作，前几年还是比较可能。但最近，因为中美的一些冲突、美国内部的一些政策因素，这些招聘是越来越少。

第二种是一些华人创办的海外互联网企业。如果已经做得很大，那和欧美大厂没有什么区别，要符合政策因素。还有很多规模不是很大，因为语言的因素，他们会在中国（如西安等城市）设立研发中心，在当地招聘程序员，薪资水平比欧美大厂要低不少。

第三种就是中国有一些出海企业，如阿里等公司都在加大海外业务的拓展和布局。严格意义来说，这种不是出海，其实是国内工作对海外业务的一种支持，工作语言（包括思路和方式）都是中国化的。但如果有了机会外派到国外去，这就是很好的出海学习机会，也不要错过。

第四种是 Web 3 带来的外部机会。如 DAO，这些不像正规企业招聘，需要面试、审批合同。而是在里面有很多开发任务，程序员完成任务之后，就可以领赏金。如果你加入早期的一些 DAO，为社区贡献代码，还可以拿到社区的早期激励。不过这种 DAO 项目也是参差不齐，需要仔细评估，但确实是一种最快尝试出海或者说积累经验的方式。

闫　辉　　谢谢，你给大家画出了整个程序员跟出海有相关性的轮廓。接下来，我们问问肉身出海的小林到美国之后是什么状态？小林，你是什么时间去美国硅谷的？

林兴陆　　大概三年前，我过来的时候还没有疫情，那个时候还比较正常。但也就过了小半年，就有了疫情。然后像按了暂停按钮一样，整个世界都发生了巨大的变化。我们现在美国依然是远程工作。

来到硅谷，能感受到的比较大的变化是这边相对鼓励创新。所以我们也看到类似确保 Web 3.0 的革命发生在美国。当然，政府机构也会挑创业公司的毛病，做得不对罚一笔款。但如果你翅膀够硬，还可以去找律师来跟 SEC（美国证券交易委员会）对抗去打官司，只要赢了，还可以继续做。

各种天马行空的想法，只要法律没有限定，就可以去做，大胆创新。但只要列入管辖范围，就需要接受管制。来了这边之后，我接触的项目跟区块链有关的比较多。后来这个大家定义为 Web 3.0，除了区块链加密货币这些基础元素，它还包括这两年非常流行的，像 NFT 等。

我们现在就是做围绕 Web 3 相关的基础设施。因为 Web 3 还很早期，还是可以去做基础设施的阶段，虽然也有很多应用在做，但由于基础设施的缺失，很多应用还在很早期的阶段。

我们可以回想一下，就像 2000 年左右，大家最初还是做简单的论坛，后来才有门户。这些都是逐渐演进的。

欧美的顶尖大学的毕业生肯定都首选 Google、Facebook、亚马逊之类的巨头。但现在也有很多人在看 Web 3.0 的机会。几个互联网巨头也有一些业务调整，甚至裁员。大家不仅仅看大厂，也会看创业公司，而且 Web 3.0 有很多公司也拿到了很多钱，这里面的机会也蛮多的。

闫 辉 感谢各位嘉宾给大家介绍了出海的轮廓。很多程序员会关注一个问题：如果我要从事做出海，除了语言，还需要哪些能力？应该去补什么短板？

邵元胜 我认为，程序员要去做出海，一定要利用我们的优势兵力攻克一个边缘或者比较冷门的方向，这是战略上的选择，很重要。

我们程序员到底有哪些优势？基础软件、尖端核心科技，我们肯定是要仰视欧美的。但国内很多偏数字化能力、偏应用层面的软硬件，包括制造业比较发达，在很多方面其实可以俯视全球很多地方。还有就是国内内卷能力也是一流的。像"007""996"，这种对财富的渴望，也是全球其他地方难以望其项背的。

所以，程序员做出海，首先要利用我们的优势，然后在海外本地尽量能够建立当地的人脉圈子。例如，能不能找到当地的一些服务商和合作伙伴？如何找到？如何建立双方的信任关系？我们也很难想象，一个老外到中国在国内各大城市出差，他如何把国内动态防疫的东西弄清楚。所以，尽量还是要融入当地。

另外，出海时，合规层面会存在一些地雷。商业上你可以呈现狡猾的一面，但还是要遵守当地的法律法规。

焦霖楠　　我们现在服务的对象主要是肉身在国内，远程为一些海外企业服务的程序员。如果讲肉身在海外，小林老师会和大家分享。

　　肉身在国内的话，其实就是远程工作。首先就是语言关，这其实是绕不过去的。英语是一个非常重要的硬技能。英语学习大家还比较害怕，但对程序员应该不是什么难事，因为编程语言本来就是英语。如果远程工作，很多海外企业并不要求你对英语精通，只要能做基本的沟通交流就可以。毕竟现在很多翻译工具也比较发达，你有时候听不明白的翻译一下也非常方便。一般来说，对于市场和运营人才确实是英语水平要求比较高。但对程序员英语水平要求不是那么高。

　　但是，我建议大家要养成培养语言能力的习惯，如多写英文注释、多写英文文档。在 LinkedIn 上放英文简历，在推特上发一些英文文章。这都有助于去养成培养语言能力的习惯。语言的学习不是一蹴而就的，而是需要一个慢慢积累和适应的过程。

　　应用技能就是技术能力，这是去服务海外企业必须要具备的。因为编程语言是世界通用的，所以这是程序员出海很大的优势。

　　但特定领域可能需要学新的技术。如进军 Web 3，如果你是一个后端工程师，以前是写数据库，现在是智能合约，跟区块链进行交互，需要学习专门的语言。但这对我们中国非常勤奋的程序员来说，不是难事。我见很多程序员一两个月就把这种语言学会了。

　　现在，Web 3 领域能写智能合约的工程师是非常热门的职位。有一个数据统计，大概全球去年 Web 3 的企业有 9 000 家左右，但在 GitHub 上写智能合约的程序员不到 5 000 人，相当于一个企业连一个人都不到，所以个职位是非常紧俏的。谁先学会，谁就在出海技术上获得很大的先机。

　　第三个是硬技能，也就是项目经验。刚才元胜也说了，中国的互联网人才，在社交、金融、O2O 等类型的项目上，有很多行业背景和经验，这是中国程序员的优势，如果有一些出海的项目经验，就更好了。**如果现在你在大厂有出海的项目，一定要积极参与。虽然，我们也看到很多出海项目会夭折，但是对个人程序员来说，这是一个最好的积累经验的办法。**

另外，我觉得还有两三个软技能。

第一个是心态。前几年咱们中国互联网行业发展比较好，90% 的程序员可能对出海都一无所知。现在，可能很多人都想踏入这个领域，首先要有一个很好的心态，不能前怕狼后怕虎，担心年龄大、学习能力不强、语言不行、没有掌握最新的技术或者适用性不强，这其实是一个心态问题。

就像《纳瓦尔宝典》中说过的，他当初写文章的时候也有很多担心。后来他调整心态，不是为了去做分享、总结或者给谁看，而是为了自己的学习。如果是学习心态，就会比较放松，比较开放。**出海可能第一件事就是要有一个好的心态，把它变成是一种学习过程，这种心态更容易帮助我们成功。**

第二个是工作习惯。因为服务海外企业，东南亚还好一些，如果是美国，就存在时差问题。早上开会，晚上 9 点要开会，时差的适应性会有一些问题，还有国内假期和美国不太一致，如中秋节没有假期。你也要去适应。远程还需要有自律，居家办公，没有别人监督，很多时候你会受其他因素干扰。如何去自律地完成工作，这也是非常重要的。

第三个就是要学习一些新技术。目前来看，大部分远程工作都不太需要创新。主要是为了节省劳动成本，需要稳定输出，所以很多时候也不是海外企业的核心流程。如果长时间参与这种项目，可能不利于技术能力的提升。

所以一定要保持学习的心态，定期给自己充电，多学一些新技术。在出海上不管硬技能还是软技能，都有很多要去提升的地方。

闫　辉　　　请小林谈一下个人感受。

林兴陆　　我觉得除了基础的语言、工具，如果你身处本地，你就会发现文化背景等因素产生的小差异。如果不在本地或者观察足够细，可能会忽略掉那些信息。

如 2000 年，当时周奕做了一个 MP3 写回 CD 的软件，这是很奇怪的一种需求。当时中国用户几乎是不会用的，大部分人是要把 CD 转成 MP3。这其实跟地域有很大的关系，与文化背景有关，很多人过了这么多年还在用。包括像 eBay、Craigslist 这种模式，在中国也很难流行。很多过去那种 Web 1.0 风格的网站，在今天依然还活得很好。

还有如 Next 这样的应用，国内可能就做成很大的平台，类似闲鱼。因为在中国二手交易的地域属性很不明显，广东发货和北京发货、上海发货之间没有任何差异，因为物流各方面成本都差不多，不会特别离谱。但在美国，你会发现快递费用是很高的，所以需要一个应用可以让用户在社区或者一个城市能见面完成交易。国内至少可能大家会感觉比较陌生或者奇怪。我来美国第一次就发现到社区里面逛一圈，发现很多人放了一箱书在外面，放了一个柜子在外面，这个现象不是短期的，在我印象中二三十年前的美剧、《北京人在纽约》之类就有这种场景。到今天，依然还在发生，因为它是一种文化。

如果你发现到这些细节，就可以去做类似的创新。当然如果说纯粹在国内，接个外包，只要能看懂文档，能沟通，其实你在国内做和在美国做没有什么差异。

闫　辉　　　大家谈得特别好，我关注到有几个关键词，第一个是地域。出海是有地域概念的，现在大家出海去不同的国家和地区，如东南亚、美国。请问元胜，从全球角度看，在什么地域适合做什么事情？有什么机会？能不能举一些对程序员有启发的案例？

邵元胜　　从我这么多年做投资的角度看，第一波肯定是从欧美衍生的创业机会。因为欧美的付费能力比较强，市场也比较大，包括游戏、电商、各种各样的付费软件。然后慢慢开始到中东、东南亚。最近还有人关注非洲、南美洲这些市场，但我认为这些地方整体市场还没有特别成熟。

我们投跨境电商会多一些，有些品类是欧美独有的，国内不太可能有的，有些公司已经做上市。例如，卖烤火的桌子、大号便携储能、房车游艇零配件，这就是在欧美，因为户外场景的需求特别大。东南亚最近一年也出现了卖货比较赚钱的公司。

如果卖货能够赚钱，它会带动为这些卖家提供服务的一些软件需求。给东南亚一些卖家提供 ERP、供应链分销、海外仓物流都会慢慢成熟起来。还有围绕 TikTok 周边的一些衍生工具，这些都是机会点。

中东是一个比较特殊的市场。虽然国家人口不多，但 UP（单客户价值）值可能是其他国家的 3~5 倍。如电商，客单价一般高达 140 美元，其他国家平均四五十美元。所以在中东也出现了不少比较成功的公司，做语音聊天房、游戏，甚至拼音输入法之类的公司。很多 CEO 其实也都是技术出身。

我们还投了一个在南美洲做金融科技的公司，你很难想象国内的一个团队能够给巴西的一些头部的金融机构提供软件服务。

闫　辉　　感谢各位嘉宾给我们讲了很多大家知识范围之外的东西，非常值得我们去学习。如果大家感兴趣，还可以从网上再找更多的资料。元胜给我们讲了世界上其他地方发生的一些事情，可以给我们很多启发。霖楠讲一讲，你怎么看待地域？

焦霖楠　　从全球看，发达国家用工成本越来越高，这是趋势，IT 企业的全球化招聘也是大潮流。

对企业用人单位，竞争力之一就是员工的性价比。对一般公司来讲,中国程序员成本其实在世界角度看已经不低了。可能比印度、越南、东南亚都要高一些,跟乌克兰不相上下,比阿根廷还要低一些,当然比欧美工程师更加低。

中国工程师的优点在于勤奋,工作能力也比较强,弱点是沟通能力,尤其是相比印度工程师。

中国互联网行业比较发达,像电商、社交、游戏、消费、金融这些领域都是全球领先的。所以相比其他各地的这类公司,不管印度还是乌克兰,他们没有这些业务经验,也没有这个行业背景。所以,**如果中国工程师能够叠加技术经验加行业经验,对海外企业来说是非常具有性价比的。**

如果是美国公司,招国内的程序员,招聘成本肯定更低,Zoom是一个典型的案例。实际上它是一家美国公司,但它在中国有大量工程师,整体降低了工资的成本,优势更明显了。

闫　辉　　我们讲了很多宏观上的情况,有没有一些具体案例,如某个程序员出海做项目做得特别好?怎么发展起来的?

邵元胜　　我讲一下项目,是我们之前投资的。这个项目最早是互联网的项目,面向新疆市场的输入法软件。它第一步的切入点是比较垂直。国内当时主流输入法是搜狗、百度输入法等。

但这个产品面向新疆市场,也就是维吾尔语。这是一个典型的三级火箭的商业模式。

底层靠输入法可以累积几百万的DAU(活跃用户数量),慢慢上面做软件产品的延伸,包括游戏。后来这个产品延伸到整个中亚,还有中东等伊斯兰地区。这个团队把自己定位成伊斯兰世界的小腾讯。这是我们投资比较成功的一个案例,公司的财务水平也非常好,增速也很快。

项目的开发者本身之前也没有说有接触多少什么中东、中亚的这些地区的人，最开始主要还是靠留学生，这些国家在国内的一些留学生慢慢去建立认知，包括自己产品的一些用户数据，经过这样一些反复分析，慢慢建立了自己的认知。整体是这么一个情况，供大家参考。

这个项目的成功还是从一个小点切入，慢慢去切大公司没有注意到的市场，通过比较边缘的产品慢慢累积竞争力。这是典型的出海避开国内巨头的创业案例，可以供大家参考。

闫　辉　　霖楠可以分享一个程序员出海的案例。

焦霖楠　　我来分享一个案例。他是我认识的一个朋友，也四十多岁了，在中国属于比较高龄的程序员。之前也是有稳定的职业，但因为家庭原因或者对职业有不同的期待，想摆脱这样的生活，寻找新方向，于是去学智能合约知识。前期他也没有机会练手，就做了一件事情。去年 NFT 比较火，他就把各个网站 IP 藏品价格、升值的排名做了汇总，做了一个小网站，只是排名，也没有交易。做完之后就有访问，当时就有一个交易所找到他去做智能合约开发，他也毫不犹豫去做了。

做一段时间后，他又觉得项目压力比较大，工作节奏和之前大厂没有什么区别。于是，他又再次跳出来，因为有了经验，就启动了一个小项目，去做智能合约审计。因为现在智能合约跟钱打交道，担心有漏洞，他就创办了一个个人工作室，帮前期不太成熟的项目做审计。工作量不大，凭借他之前的经验，不管收入还是模式，都取得了一个很大的进步。

这是我最近看到的朋友的案例。

林兴陆　　沿着霖楠的思路，我简单介绍一下 Web 3。

现在 NFT 很火。但很多人都把它理解成一个社交应用头像，其实它的设计远远不止这样。这是一种典型的商业模式，对我们做软件或者搞开发的程序员来说，应该看到其中的价值变化。

以前我们做一款共享软件，放广告或者让人注册来获得收益。现在可能会发行一种 NFT，和一个 License 相似，但不同的地方在于 License 竟然还可以交易。也就是说如果有人买了，这个阶段我在用，当我满足这个阶段之后或者我不需要了，就可以将其转让出去。

很多工具和网站如果让开发者愿意持续做，其实可以发行带有权益的 NFT。后面可以持续开发新增的功能，可能首批只发放3 000 枚。随着用户增加，这些可能不够用，于是就产生了交易。交易本身在用户之间流传没什么，但对于发行方来说，竟然可以有版税收入。这就是说，我们做了一套软件，可以源源不断地有钱进来。这和之前简单的放广告的模式，有非常大的不同。这种出海带来的模式变化非常多。

产品可以做不同类型的版本，这种商业模式对于一个程序员或者工作室，一下子可以拿回相当于几十万美元体量的收益，后面如果生态足够好，工具够好，源源不断有人使用，就可以一直都有版税收入。这比又去开发新功能，去卖新版本要轻松得多。

闫　辉　　如果程序员对出海这件事情感兴趣了，也想去学习，有哪些渠道和资源可以参与呢？一步步如何去做呢？

邵元胜　　出海是一个非常宽泛的概念，还是要根据你所希望创业的品类去选择。出海大品类下面有很多个小品类，每个小品类都是一个比较封闭的圈子。例如，做跨境电商和做软件出海的肯定不是一帮人。所以首先还是要想清楚自己属于哪个圈子，然后有针对性地加入这个圈子。

我比较熟悉的，如跨境电商肯定可能要到深圳、广州。这些地方有专门的协会、垂直媒体和圈子，每个服务商也都会建立社群，甚至一些物流公司也会有社群。如果做软件，营销渠道可能用到谷歌、Facebook，这些服务商也会有相应的社群。

我认为所有这些品类其实圈子都很小，很容易找到的，每个圈子都有几个著名的 KOL（关键意见领袖），他们会建立公众号，影响力都很大。基本上关注几个人，差不多你就能了解一半了。

我目前聚焦在出海工作，如果想找到一个地方专门针对中国程序员的海外工作，还没有这样的平台，这也是我们的项目想要做的一个方向。我们希望把中国的互联网人才跟最新的技术趋势连接起来。

学习方面，中国也没有类似的平台。我倒是希望 CSDN 能把这些知识进行汇总和分析。因为 CSDN 是程序员的大本营，大家有这样的诉求和需求，目前确实是没有。

如果程序员确实想去提升出海方面的一些技术，如 Web 3，我对这个领域比较熟悉，一是自学，一是跟别人学。

自学，首先是基础。其实 YouTube 上有很多视频，有很多介绍基础概念的，要把这个基础概念弄明白，你可以不认同这些理念，但要去了解。

其次，目前区块链、比特币的都是开源的。你可以去看代码，这比做商务、做市场要容易很多，代码不会骗人，去读代码就好了。

在这个基础上，能够看到很多项目的资料，可以去跟进学习，看他们最新的资讯，还可以参与这种项目，做代码开发。在国外，生态其实比较成熟，只要你迈出那一步，就会很快融入进去。

林兴陆   有两种出海，一种是远程工作，或者做一款软件，或者通过电商卖到海外。这一类是肉身还在中国。

还有一种是肉身到国外，或者去欧美，或者去东南亚。很久之前，就觉得去海外，不管学习还是工作，都是一种不错的状态，毕竟对咱们做计算机软件的这些人来说，硅谷最早提供这种创新。至少你可以去看一看，学一学。

20年前周奕告诉我们的案例，对我有很大的冲击。周奕谈到在美国做一款软件，一个月左右挣回来一辆宝马，5万美元，这是很爽的事情。

当然，不是每一个人都能获得绿卡或者工作签证。我刚才看到有朋友问如何拿绿卡。其实我也比较早关注移民，也买了很多书。后来我才发现，如果你真的有心去研究一下，可以少走很多弯路。

现在有两三种适合国内程序员的肉身方法，尤其是有工作经验的程序员，达到目标并不是特别难。例如，我自己办的是杰出人才的绿卡，还有研究型人才或者企业高管的绿卡。

国内的和美国最大的信息差是什么？美国很多拿绿卡或者工签读完博士后，只能通过三个条件来证明自己，如发表论文之类，他们几乎就只能证明这三个点。但对于我们国内的创业者或者程序员，其实要在这三个点之外找优势是非常容易的。没有来的人或者没有研究得这么深的人是不知道的。

闫辉 感谢今天的几位嘉宾，出海的范畴确实非常大。不同国家，不同角度，不同方向。但通过嘉宾的论述，给大家打开了很多扇窗口。你可以去研究 Web 3，可以研究肉身出海，研究特定国家和地区的需求。这些可能在我们之前的认知之外，沿着这些窗口深入研究下去，就会有很多的收获。

我相信，这也是今天带给各位程序员最重要的一个价值。

最后，请各位嘉宾谈谈出海有什么需要注意的坑。

邵元胜 我认为最大的坑还是在合规这个层面。国内的环境跟海外对我们运营手段的容忍程度其实是相差挺大的。国内很多平台对很多运营手法，可能睁一只眼闭一只眼，但海外可能容忍度就会差很多，如刷单，国内见怪不怪，但海外大家觉得这就是破坏商业规则，如东南亚、中东，还有很多涉及本地文化宗教的地方。

第二个层面就是在海外当地的合作伙伴的选择。如果我们在国内创业，链条的节点其实没有那么长，但海外中间会多很多链条，如跨境电商多了物流、仓储、支付、店铺等。每一个环节如果你过度依赖，都有可能会产生风险，因为每多一个节点就会产生一定的不确定性。

如果你要长期去做，要接触资本市场，就要把当地合作伙伴的网络建立起来。合作伙伴会为你规避掉很多不必要的麻烦，少掉很多坑。

这是我整体的建议。

我认为最大的风险其实就是畏惧出海，我觉得不做的成本可能更大。很多程序员不喜欢与人打交道，会畏惧出海。我觉得首先还是要克服这一点，这才是最大的成本。国内越内卷，海外就越有机会，这是我一贯的看法。

国内996、007，这么多竞争对手，你已经被国内这么残酷的市场训练出来了，你的能力也被训练出来了，你在海外应该会很有竞争力，这是我的一个看法。

焦霖楠　　我觉得刚才元胜讲的就是拒绝封闭的心态，对出海这件事情非常惧怕，确实是非常大的一个坑，我非常同意这一点。

从 Web 3 上就可以看出来，其实中国移动互联网在全球都是领先的。但 Web 3，因为各种原因，其实是落后的，最新的一些技术方向，我们很少有机会去参与。

作为一个程序员，如果没有一个开放的心态去关注这些技术，可能就错失了一个很大的机会，甚至技术能力上会滞后于整个时代。

如果你有出海的决心和想法，不管肉身出海，还是远程工作，都要做好充足的准备。

前段时间闹得沸沸扬扬的 SHEIN 事件，刚下机场就接到了解聘。所以，我想说，大家选择的不是一个企业，而是一个行业。既然选择行业，就要对这个行业有充分的了解和认识，包括前期的尝试。

趋势可能是趋势，但要结合个人的自身情况，做出理性的判断。逐步渐进，而不是一下子达到某个状态。其实这是不断学习、不断累积、不断了解行业的过程。

闫　辉　　最后，请每个人用一句话给程序员出海总结一下吧。

邵元胜　　非常感谢 CSDN 的邀请，我认为嘉宾基本上都把内心最真实的想法表达出来了，也许不够细，但重点也都讲出来了。闫总这边的提问也非常好，我认为把整个出海的很多要点也都勾勒出来了。

所以我希望大家可以回顾这一期访谈，很多细的一些点可以逐渐去深挖，会得到不一样的收获。

焦霖楠　　20 年前我就上 CSDN，当时还在大学。论坛上一发帖子，马上就有网友回复这些问题，感觉特别好，学习氛围非常强，能够不断学到新知识。所以今天也非常荣幸被 CSDN 邀请进行一些分享。如果这些分享能够帮到大家的话，我感到也非常高兴。我推荐一本书叫《无限进化》，人类知识无穷无尽，没有尽头。**出海在历史中是很小的一个浪花，但对于我们这个时代的程序员来说，它应该是一个巨浪，我们应该在巨浪上去领略一下。**

林兴陆　　我们 20 年前经历过的事情到今天依然在经历，只是说有些场景有点变化。面向世界，往外迈出一步，值得去尝试一下。

AI
如何与细分行业结合创富

关键对话 人物

张大磊　　　　　北京鹰瞳科技发展股份有限公司（Airdoc）创始人，曾任微软总部 Excel 产品经理、PPTV 副总裁、新浪副总裁。现任中国人工智能学会智慧医疗专委会秘书长、中国眼视光产业联盟副理事长、中国健康促进与教育协会移动健康分会常务委员。

林俊旸　　　　　现任阿里巴巴达摩院智能计算实验室高级算法专家，毕业于北京大学。目前主要研究领域包括自然语言处理和多模态表征学习，侧重于多模态预训练及其应用，曾在自然语言处理、机器学习等领域的多个顶级会议上，包括 NeurIPS、ICML、ACL、EMNLP 等，发表 30 余篇论文，引用量近 1 500。曾负责打造全球最大规模的十万亿参数多模态预训练模型 M6、通用统一预训练模型 OFA、中文多模态基础模型 Chinese CLIP 等工作，广泛应用于下游应用，如图像生成、自然语言生成、跨模态检索等，并研究大模型的低碳训练、提示学习、轻量化应用等问题，积极推动大模型的开源与服务化，推动预训练大模型的商业化落地和普惠 AI 的发展。

牛亚运

人工智能硕士（原硕博连读）国内知名博主，先后荣获达摩院评测官、阿里社区专家博主、CSDN 社区专家博主、51CTO 社区专家博主等多个社区专家荣誉称号，曾受邀阿里、华为、谷歌等（开发者社区）采访、评审、论坛几十次。截至 2022 年，AI 领域全网粉丝超 100 万，文章阅读量超 5 000 多万。正在撰写《人工智能算法最新实战》一书，目前已完成 43 万字。

从软件的推荐算法到人工智能语音助手，AI 的种子已经在我们的生活中发芽。如今，AI 的力量正慢慢发展壮大，走进传统行业，向着规模化的方向前进。我们在此探索将人工智能与传统行业结合，希望 AI 能够为传统行业的发展注入新的能量。但人工智能在传统行业的落地似乎没有人们设想的那么容易。如何更好地推进 AI 与行业的结合？如何了解行业的需求？如何将 AI 的技术和解决方案更好地传递给行业开发者？围绕这一主题，我们邀请三位 AI 行业专家进行对话，探讨 AI 与行业结合的机会，进行经验分享。

闫　辉　　现在 AI 技术发展得很迅速，也在行业中带来了很多改变。所以，我们今天邀请几位嘉宾探讨 AI 与行业结合中的机会。

张大磊　　大家好，我也是一名程序员。上高中的时候，1996 年就开始写程序，后来做产品经理，现在创业做一家公司 Airdoc，通过光穿过瞳孔照到眼球背后的血管和神经，根据算法来评估个人健康，包括心梗、中风和糖尿病。

林俊旸　　我是一名来自达摩院的算法工程师，主要从事自然语言处理和多模态方向。除了做 CV 相关的一些工作，主要是做大模型训练。今年还在做把大模型推广落地的领域。

牛亚运 我是 CSDN 的一位博主，现在发布了 2 000 多篇文章。我开始对 NLP 非常感兴趣，两年前自 Transformer 出现后，就开始研究 GPT。现在我在一家国企的创研院做科学研究的相关工作。

闫 辉 今天我们的话题是程序员如何利用 AI 在细分行业创富，虽然 AI 在互联网行业应用得比较多，但 AI 其实可以应用在各行各业，大家在做哪些相关的事情？

张大磊 我读书的时候专业是医学，但因为喜欢写程序，一直在 IT 互联网行业中。2014 年，家中有人看错病，给我很大触动。因为老家甘肃是一个小地方，我就思考如何在缺医少药的地方，让患者知道自己的健康状态。

从程序员角度看，看病本质上就是人体信号采集，然后处理，最终变成一个判断的输出。当时我就思考或许可以利用神经网络算法，学习那些很牛的医生大脑中的经验，所以就开始做这个方向。

这么多年过去了，我们帮助了很多人，也特别有成就感。但从技术角度看，现在的 AI 技术还是在不断的改进过程中。

林俊旸 AI 与行业的结合这个话题非常重要，但讲起来很大。最近几年，随着 GPT-3 发布，包括阿里、百度、华为都在推出相应的大模型，之前大家都是在探讨技术的高度进行 PK，但 2022 年年初，大家开始谈的是大模型能不能落地的问题。

大模型的开发成本其实非常高，也比较宽泛。所以今年我们就推出了 ModelScope 平台，让做研究的人员能够和行业的需求有更好的接触。当然，让我们做研究的去做销售是一件很困难的事情。所以，我们还是先要把模型的使用门槛降低，然后开放出去，寻找一些与行业结合的机会。

在我和很多行业人士沟通后，感觉 AI 与产业结合的发展空间是非常大的。我们要利用好行业的数据，充分发挥大模型的能力，实现更好的落地。

牛亚运   我写了很多博客，也有很多粉丝。粉丝基本上有几类，一类是学生群体，就是因为最近 AI 很热，大家愿意学习，而且主要愿意学习大公司的开源框架和模型，同时他们在学习和实践中也对这些开源框架进行了推广。

另外一类就是公司内部的企业开发者。如果要把 AI 与行业结合起来，就需要在懂技术的基础上懂业务，从开发、测试到生产，一直到行业应用的反馈，之后再进行模型的优化和迭代。其中需要产品设计，AI 从应用到落地更需要行业结合型人才。

还有一类是理论的研究学者，很多科学家还在坚持基础创新，提出更好的模型服务让大家尝试。头部公司的研究员也在做这部分工作。

闫 辉   AI 和医疗行业的结合，当时是处在一个什么样的背景下？技术上是如何形成解决方案的？

张大磊   我们刚开始是想解决大规模的问题，例如把一个医生判断个人的健康状态，从检查到问诊、治疗全过程自动化。原来设想医生和病人之间的沟通互动就是语音采集、识别处理，之后再做语义理解，最终打造出一套知识图谱，搞一套这样的自动化系统出来。

我们最初还希望在一台设备中采集出来多模态数据，都整合在一起，能够自动判断一个人的健康状况，做成画像，甚至把这个人未来的健康发展给预测出来。

但是越做越发现，过程中有非常多的问题。

举个最简单的例子，在双方都同意的情况下，采集医生和病人对话的录音，但对话太难理解了，如医生问，很多病人就回答不舒服。作为人与人之间的沟通，这种表达是可以理解的，但如果当作数据来处理，几乎没有什么有价值的信息。AI 喜欢的数据格式，例如"左下腹部三厘米处有肿块，持续疼三天"，老百姓是不会这么说话的。

此外，我们设想中的图像应该像教科书那样的高质量，但实际上受采集设备、采集环境、人员水平等各种条件的限制，采集上来的图像是乱七八糟的，技术要面对样本的低质量，进而带来标注的均一性和一致性很差，这与我们的预期有很大的差异。

从创业到现在有 7 年多时间，AI 的技术进展是非常大的。图像领域的技术还是差不多，语义理解方面还有很大空间。

在医疗健康领域，**很多患者到专业医生那里，不仅仅想知道自己得了什么病，应该如何治疗，很多时候寻求的是安慰关怀，有很多心理需求，涉及深层次的智慧和意识。**

我们现阶段只能聚焦在具体的输入和输出上，例如建议什么样的治疗方式，愈后会怎么样，建议的康复手段。在主观反馈这方面，我们还在保持对最新 AI 技术的关注，希望能够有长足的进步。

闫 辉　　AI 的人才需求和招聘有什么特点？

张大磊　　我们需要的 AI 人才，一般会从三个角度看：第一是愿意去思考和理解真实客户的需求，去观察用户是如何使用的，搞清楚客户需要什么；第二是希望技术水平非常棒，因为我们早期团队都是技术出身，还是喜欢做技术的人；第三就是热爱这个领域。

林俊旸　　我主要是负责解决上层的算法、CVP（计算机验证程序）、多模态的问题。但除了算法，还需要更多人做更多的工作，如 GPT-3 需要的分布式框架和训练。

AI 现在变得更加普惠了，但从招人角度看，要求反而更高了。

一方面研究走向了深水区；另一方面要求比较全面，这样才能与不同领域的人合作，而不是单点作战。大模型的发展，让 AI 与各个行业结合得更加紧密。之前只要发表过论文，就觉得很好，现在对人才的要求更加全面。

牛亚运　　AI 的人才有几个基本属性。

首先要掌握学术方面的一些技术知识，要懂理论，如数学公式的推导、高等代数的最优化、求偏导数、矩阵，还要有英语基础，因为这个时代需要看前沿的很多成就，如公开的论文。其次需要有编程语言的基础，有了一定的理论，能够用语言编程实现，通过编程实现算法。如果要深度学习，至少要懂一个流行的框架，如百度的 PaddlePaddle。

AI 领域的术语变化太快，一旦从事某个行业，这些技术的概念还是需要去了解的，只凭借热血还不行。

闫　辉　　在 AI 技术与行业的对接中，是有行业需求再找匹配的技术实现，还是有技术之后再寻找可以利用的场景呢？

张大磊　　医疗行业我们只做了其中非常小的一部分。从实际情况看，我们是先有确认的问题，再去利用技术解决。

通过视网膜判断疾病,写在西医的临床指南已经有上百年历史。糖尿病、动脉硬化、黄斑变性、心梗中风等这些危险都可以从视网膜上直接看到，包括是否有病、处在几期等，这比 CT 更直接，因为 CT 处理的是人体的信号，而视网膜观测的是人体组织本身。

通过眼底诊断血管和神经的疾病，对用户非常友好，但医生非常少，设备非常贵，操作也很麻烦。拍摄必须由三甲医院的专业医生在暗室中进行，而且机器很贵，要上百万元。拍摄出来的照片，如果要识别出来疾病，还需要一个眼底医生看过 3 万~5 万张双模照片，意味着 20~30 年的学习周期。

我们就思考如何把眼底诊断的产品做出来，每个人在家就能使用，做完检查就能知道自己的健康状态。

有了这样的需求和问题，就需要选择相应的技术。早期获取样本进行标注的时候不容易。因为有各种各样的疾病，尤其是其中有一些罕见疾病样本量是非常少的。我们也使用过各种方法，包括小样本的学习。

为了系统性降低用户的使用门槛，我们自己设计了一款自助拍摄的视网膜相机，这是一个硬件，就像 VR 眼镜，普通用户就能使用，如基层医疗机构、普通家庭、眼镜店、保险公司、体检中心都能用起来。这样，我们就从一个纯的软件算法公司变成一家要做硬件的公司，而且医疗机械还需要做各种认证和质量体系、自己的生产工厂。

回头看，**总体策略还是为了解决问题而选择各种技术，做得越精密，C 端用户的体验就越好。**

林俊旸　　大磊老师讲得非常精彩。我认为这是一条正确的路径，就是先发现问题，再找相应的技术。

现在，大家对 AI 的认知越来越明确。其实 AI 在更多行业中扮演的是一个工具的角色。对业务方来讲，思考的是如何用好这个工具，对我们做基础技术的来讲，是如何更好地做好这个工具。工具首先要好用，其次是易用。

AI 不是一个包治百病的方案，AI 的某项技术，对我来说是立身之本，但确实也会面临一个长期的困境，那就是**用技术找场景，就像拿着锤子到处找钉子一样，这也很难避免。**

牛亚运　　AI 技术在很多行业之所以用不起来，算法是一个关键点，但更主流、更困难的是数据质量差。很多公司做数据化转型，但并不是一两年就能把数据质量提升起来的。

很多行业企业的数据化能力比较薄弱，系统是烟囱式开发，数据口径不一致，导致数据衰减，形成数据孤岛，没有被有效利用起来。现在大家在建设数据中台，从最原始的操作数据层到公共层，形成明细和汇总。通过流程把数据质量提升上来，加上不错的算法，肯定能对业务起到重要作用。

闫　辉　　AI在应用到行业中的时候，除了数据方面的问题，还会遇到哪些障碍？

张大磊　　这个问题非常好。在医疗领域中，首先是安全。因为一个医疗健康产品第一出发点肯定是安全。我们刚开始做的时候，全世界都没有标准，我们和国家市场监督管理总局一起制定了最早的标准和评审点，把全流程走通。

在这个过程中，我们要做非常多的非功能性需求。我创业之前，经历过PPTV、新浪，还在微软做过Excel产品。IT和互联网公司的核心是把功能性需求做好就行，但在医疗健康行业中，在非功能性需求上花费的时间精力更多，如医疗注册流程中的文档，比CMM5的文档还多。

从技术和产品研发上讲，也有很大区别和挑战。如可控性，IT互联网领域的很多数据采集的设备，如摄像头和GPS（全球定位系统）、手机等，这些设备不是我们做的，所以无法控制。但做医疗健康，所有的硬件都是自己控制，可以从硬件和软件各个层面做匹配和优化。例如，我们要识别深度和厚度的信息，单纯二维图片很困难，我们就直接在设备中增加结构光检测深度和厚度的配件，把信息采集出来就可以了。所以，可控性可以让我们用硬件弥补一些软件的不足，把准确度提高到前所未有的高度。

林俊旸　　我们做大模型很多时候和内部的一些生态合作,阿里有这些优势。我们做技术,有时候可能会膨胀,因为我们的技术在某个榜单拿到了很好的成绩。虽然行业在使用两三年前的老旧技术,但直接冲进去,也可能会撞南墙,因为看到的可能是浅层次的需求。

业务方如果有懂 AI 的人,他们把我们的技术和产品拿去解决业务问题,有时候反馈的是很深层次的需求。举个例子,如 AIGC 如果用在服装行业,我们就思考是否可以替代一些普通的设计师。但事实上还是想简单了,因为服装生产的流程非常长,不是一张图片出来就结束了,后面还有 3D 建模,还有投产的流程。生成的图片我们觉得很好,但客户看了之后认为不够创新,他们需要新款的服装。

所以业务中落地需要双方去磨合,我们非常希望行业中也有懂 AI 的人,一起探讨问题,相辅相成,各司其职。

闫　辉　　AI 确实会改变很多行业,甚至行业被重构。AI 驱动力的本质大家怎么看?是补充性还是颠覆性?

张大磊　　这个问题很深刻。回头看,20 多年前的时候。当时就有人提出"软件吞噬世界"。那时各行各业都做出了应对措施,包括有了 CIO、CTO 这样的职位,帮助很多程序员找到工作。现在连医院都有信息科主任,对从业人员来说肯定是一个好事。

但现在再看,软件本质上是把很多行业领域的效率提高了,解决了一部分信息差,但并没有改变行业的本质。如果这个是化学方程式的话,软件更像参与反应的组成部分,还是一个催化剂呢?我认为,**软件更像一个催化剂,而不是反应的组成部分。它并没有改变化学方程式**。

对于 AI 与行业的结合,各行各业也非常关注,都感觉与自己相关。我在这方面的思考是:**到底改变这个世界的是 AI 还是数据?**

我个人的感觉是数据比 AI 对世界的改变要大。之前所有公司都不重视数据，现在每个公司都意识到数据要归类放好，要清洗，要标准化。

现在的 AI 还是基于统计，是老百姓期望中的 AI 吗？可能感觉还不像。我们小时候想象中的飞机可能都应该有翅膀，扇着走。但现实中的飞机是翅膀特别硬，滑行过去的。是否扇翅膀的飞机不好呢？我觉得只是现在的人做不到而已。我觉得现在 AI 只是一个阶段，距离完美还非常遥远。

从场景上看，作为一个程序员，几乎都在学习 AI 相关的技术。但如果作为一个普通用户，我们生活中 90% 的服务还没有被 AI 改变过。我觉得未来一定有源源不断的新场景。我有信心生活的各方面都会被数据和 AI 洗一遍，让我们的生活质量向前再走一大步。

林俊旸 这个问题最近两年大家都非常关注。最近有一个概念叫 AI 民主化，就是让 AI 能遍布生活各处。现在各家公司都在做相应的努力。用上 AI 其实很简单，但 AI 如何与行业场景结合是一个比较有深度的问题。

我们研究院就希望把 AI 普惠这件事情做好，不用学很多东西也能使用 AI。现在大家都在谈 AI 进入下半场，与产业结合，例如与生物科技的结合还是非常有革命性的。

闫　辉 请大家总结一下 AI 与行业的结合这个讨论的主题。

张大磊 医疗健康领域就是治病救人的，做好了就能帮助到很多人。现在中国资源分布非常不平均，AI 可以更多地赋能基层，里面有很多事情可以做，也欢迎大家和我合作，或者加入我们公司，因为我们本身就是一个程序员组成的公司。

林俊旸　　　普惠 AI 一定会发生，我们达摩院的 ModelScope 平台就在推进这件事情，让我们这些做算法的更好地做面向用户和场景的模型，打造更好的工具。

另外，AIGC 这个潮流不仅仅是工具，本身也能重塑一些行业，我们也希望做行业级别的大模型。欢迎大家给我们提供各种反馈。

牛亚运　　　AI 会继续下沉，前四年先在一些行业，如金融、智能驾驶、娱乐信息行业。未来会下沉到千行百业，包括制造、养老、农业。AI 也会拥抱云原生，形成 AI 智能云，像水电煤一样可取可用。另外，我想对程序员朋友讲，科技向善，我们利用模型和人工智能的时候，要做到可控，做负责任的人工智能。

程序员
如何在元宇宙行业中创富

关键对话人物

谢成鸿　　LAYABOX（北京蓝亚盒子科技有限公司）董事长兼 CEO，互联网和游戏引擎领域资深技术专家，拥有超过 25 年程序员工作和连续创业经验。

　　曾创建当时全球最大的休闲游戏平台可乐吧，之后被科技巨头并购；创办 LAYABOX 以来，掌舵公司宏观战略管理和长期发展方向；主导公司构建了拥有覆盖百万专业开发者生态的自研 3D 引擎 LayaAir、全球领先的 UGC 元宇宙平台 Layaverse、被科技巨头代理的游戏元宇宙平台 LayaMe、教育元宇宙平台 LayaEdu。

孙　伟　　博士，珠海普罗米修斯视觉技术有限公司董事长。北京航空航天大学软件学院创始院长 (2004—2016)，北京航空航天大学软件工程一级学科获教育部全国排名第一。过去的十多年，创办了 4 个超级独角兽企业和一些有影响力的企业，也是贵州省做大数据产业、江西省做虚拟现实产业的主要策划者。

陈浩翔　　CSDN 博客技术专家，杭州飞链云科技有限公司董事长兼技术架构师，10 余项国家技术专利发明人，区块链动态合约元数据先驱者，元宇宙、AI、区块链互联探索者，飞链云元宇宙共治生态探索者。

自从 Meta 提出元宇宙的概念以来,众多公司都转向元宇宙,到底元宇宙包含哪些技术?有哪些使用场景?现在技术和市场发展到哪一步?程序员在元宇宙这个大潮中什么时候可以加入?有哪些创富的机会?本期我们特别邀请三位元宇宙方面的专家和创业者,通过对话给大家解惑。

闫　辉　　最近看到一个消息,全球人口未来将达到 80 亿,几个朋友提到未来不可能每个人都能获得足够的真实生产资料和消费,因为地球资源无法供给。而元宇宙可能让很多人可以在虚拟的空间中获得满足感,这个或许是元宇宙带给人类的价值。我们邀请到的几位嘉宾都在从事与元宇宙相关的事情,可以交流一下。

孙　伟　　大家好,我是普罗米修斯视觉技术有限公司的董事长。元宇宙这个概念真的太大了,过去一年也是轰轰烈烈。不过,最近 Meta 宣布裁员 13%,亚马逊宣传裁员 10 000 人,所以寒气也是逼向元宇宙。

　　很多朋友问我:元宇宙到底有什么内涵?我觉得很难讲清楚,但我清楚一点,我在做的产品和技术对于元宇宙来讲是不可缺失的。我平时避免把公司称为元宇宙公司,因为我见过很多领导,一部分领导对元宇宙持非常怀疑的态度。

　　起始我们做的是非常基础的,年轻程序员反而更能接受。我们过去一年接待了 10 000 人，只有一个法国人真正知道我们做的叫体积视频。

什么是体积视频？我们的定义是，**人类对客观世界的刻画走到最高阶段，就是体积视频**。早期人类用山洞岩画刻画客观世界，之后开始画画、雕塑，1836 年，法国人达盖尔发明了照相机，从此人类用照相机镜头静态刻画这个客观世界。1897 年，卢米埃尔兄弟发明了电影，以每秒 24 帧的二维静态照片刻画世界。但世界其实是三维的。2022 年，我们发明了体积视频 3D 动态，也就是沉浸式的 3D 视频。

体积视频实际上是一个数字资产，解决了元宇宙中动态写实的人的核心问题。要做到动态写实，只有两个解决方案，一个是体积视频拍摄制作，另一个是用 CG（计算机图形）程序 3D 建模。而第一种方案在成本上降低了两个数量级，制作时间上也下降了两个数量级。

如果是 CG 程序制作，还需要很多设备，以及惯性导航、光学的设置等，而且看起来很不自然。我们可以做得很自然，完美无瑕地把人放在元宇宙中。欢迎大家到我们珠海的拍摄房体验一下。

谢成鸿 元宇宙的很多核心技术和概念来自游戏，包括 3D 和美术设计。我是中国第一代做网络游戏的，1998 年就从事这个行业。

元宇宙有三个要素，引擎是其中之一。因为视觉是用 3D 技术驱动世界的。引擎是最核心的基础。国际上主要是 Unity 和 Unreal。而我们做的是国产比较领先的引擎，在微信生态中能够占到 93% 的市场份额，在中国有 100 万的开发者。

元宇宙的大规模商业化，如果从底层开发，项目成本太高。所以，我们做了零代码产品和元宇宙的设计工具，主要是做平台，做生态赋能和技术赋能。我们发布 Layaverse 产品，能通过搭积木的方式零代码创作各种虚拟世界和虚拟世界的规则，如展会、会议等，并且还搭建了一个发布作品和承载商业化运营的平台。

我们的 Logo 仔细看也是一个猿猴，纪念程序员职业。引擎和创作工具都是希望帮助开发者获取更多财富。有小公司靠我们的引擎做到一个月上亿元收入，包括微信版的王者荣耀、穿越火线、腾讯台球等，都是使用我们的引擎做的。所以，希望为程序员赋能，给大家创造新的财富机会。

陈浩翔 我在 CSDN 写了七八年的博客，现在创业的方向是元宇宙加上区块链。这两个结合起来更容易火起来。现实中的能源是石油，但在元宇宙中的能源就是区块链。国内公链做不了，我们就做联盟链。

两位老总做的是产业级的事情，偏向于比较底层的技术。我们是小创业公司，主要是基于已有的技术做应用层。

元宇宙是平行于真实世界的虚拟世界，激励是不可或缺的。随着交互技术，如 AR、VR、生物技术的迅速发展，未来大脑上传也可能会实现，《头号玩家》可能是终极元宇宙的发展方向。

元宇宙需要游戏引擎和 AIGC 技术，尤其 AIGC 是必不可少的，因为自动扩展地图和自动扩展边界在元宇宙中一定要实现。5G 和边缘计算、物联网等技术也需要做相应的支撑。

闫 辉 大家在元宇宙的核心技术上有哪些突破呢？

孙 伟 我们制作体积视频需要使用 100 多台摄像机，并且涉及各种类型的摄像机，通过球形部署采集被拍摄的目标，每分钟会生成 1TB 的数据，使用高速的磁盘阵列都很难存储。因此，我们要把体积视频的格式制定出一个国际标准，并将原始数据压缩到 300MB，从而降低 5 个数量级。但是，制作体积视频的过程中，将 100 台摄像机的二维平面视频加工为三维模型是一个世界级的挑战，需要处理好类似头发、衣服皱褶这种建模，同时还要解决算法和工程问题。美国出台了一系列政策禁止一些算法出口，全世界只有个位数的企业掌握这个技术，我们是中国唯一的一家企业。

我们现在的数字人已经可以做到 2.5K，满足了手机和很多娱乐行业的需求，但我们的目标是要做到 4K，这需要投入巨额资金和时间。我们认为，这是有意义的，**因为如果能够做到 4K，视频将变得沉浸式，从而颠覆现有的视频标准**。而视频与我们每个人的工作和生活息息相关，上千亿市值的大公司有几十家，市场极其庞大，我们要打造下一代的视频标准。

除了技术问题，还有工程问题。我们现在摄影棚需要 10 米 × 10 米，成本是小几百万元，未来能否缩小到 5 米 × 5 米，成本能否降低到几十万元，这样一般的公司都能使用。现在很多元宇宙的数字人形象都是卡通，但是人们需要的是写实的数字人。从卡通到写实就是绝对的刚需。我们的目标是颠覆程序 CG 生成的模式，实现驱动完全写实的数字人，成本和实现效果上都要完全胜出。我们很快会利用体积视频技术出一个数字孪生的解决方案，可能用文本去驱动动态写实的数字人。只要拍摄 30 个规定的动作，就可以驱动完全写实的数字人。

基于数字人有很多应用场景，这方面的生意我们并不做，我们是工具，能够帮助开发者做出很多创新的应用，如虚拟演唱会等。所以，我们的团队来自清华大学媒体实验，有十多年的积累。

谢成鸿　　虚拟世界的模拟需要 3D 引擎，2000 年开始许多公司做这方面的事情，但在国内，只有我们一家在做大规模商用 3D 引擎。我们 3 的生存需要找到一个很好的时机和赛道，于是从 2014 年开始介入，但不是选择与 Unity 正面竞争，而是走 H5 和小程序平台，通过不同的定位差异，取得成功。

我们正在做的是下一代引擎，名为智慧云原生。在虚拟空间中，云端需要达到照片级效果，因为移动设备的 CPU（中央处理器）和 GPU（图形处理器）无法打造高仿真算力。Unreal 已经做到了云端化，但我们需要考虑成本问题。在一个 200 人在线的元宇宙空间中，我们的成本是一年 1 万元左右，而 Unreal 需要 120 万元。所以，我们的引擎完全为云端设计，实现大规模、分布式的照片级效果，包括全时光线追踪、自动从低分辨率还原高清。这个分布式架构，从硬件到引擎到软件到服务，需要重新设计。

现在的元宇宙还处于手工阶段，都是用代码垒起来的，生产力很低。因此需要更高级的生产力工具，能够高效、自动化地创造元宇宙，甚至低代码和无代码。 我们的引擎已经应用在两个方面，其中一家国内顶级公司代理了我们的游戏元宇宙，很快会测试。还有一个方面是我们面向消费者和企业提供元宇宙的工具。通过这个工具，可以用几千上万元就能做出类似的产品。我们自己坚持做核心技术，赋能我们的客户。

陈浩翔　确实，谢总的自动化建模对于我们公司也很需要。我们用 Unreal 做城市和展厅的渲染，用了两三个月。如果能够自动化，能省去很大的人力成本。孙总的数字人技术也是我们需要的，我们也可以在他们的技术之上，做应用层。也就是把大家的技术做商业化应用。

闫　辉　我们可以看到元宇宙确实有两个比较大的方向，一个是游戏或者社交的元宇宙，但是国内更多的人做的叫作产业元宇宙。例如，帮政府和企业做数字孪生或行业应用。那程序员可以基于元宇宙做哪些应用场景呢？

孙　伟　我们发现，引入写实数字人可以极大地提高应用的评价，包括游戏。我在北京航空航天大学软件学院做了十年院长，毕业了一 18 000 多名学生。其中一位学生在数字人基础上开发了一个会议系统，解决了腾讯会议的两个痛点。这个系统提供了沉浸式环境，同时让主持人可以自由观看会议内容。我们最近与中国联通合作，在世界虚拟现实大会上发布了这个系统,并获得了非常好的反响。

基于体积视频,我认为有很多赚钱的机会,如 3D 照相馆。可以通过生成数字资产实现增值,同时通过 3D 打印高清彩色手办来实现雕塑。我们已经看到,高清数字打印 12 厘米 ×12 厘米的手办只需要卖几百元,市场可以接受。未来 100 万以上人口的城市都可以开展这样的业务,而且可以与照相馆合作。

京东方计划在 2023 年量产大量裸眼 3D 显示器,这将需要大量的 3D 内容。因此,我们需要大量的程序员开发大量的模板。我们今年计划与中国联通合作开发视频彩铃,如果模板受到欢迎,我们可以获得分成。

同时,我们与湖南卫视、芒果 TV 和快手合作,与两个几千万粉丝的明星和大 V 合作,打造虚拟演唱会。虽然目前的游戏引擎还无法解决明星的动态写实问题,但我们已经花费大量的资金进行了尝试。

我相信娱乐行业一定是最大的市场,并且这是天然的 5G 应用。沉浸式视频需要大量的带宽,因此有着巨大的市场潜力。

谢成鸿　　我们的 3D 引擎不仅在传统游戏领域得到广泛使用,还在很多其他平台上得到了应用。近来,公司负责人也经常找我,要求介绍我们引擎的开发者。因此,学习我们引擎的人员有很多工作机会。

另外,我们的零代码工具使策划和美术人员也可以创建自己的产品。他们可以用类似于搭积木的方式来实现游戏规则和交互逻辑。但是,即使工具再强大,也有其局限性。当内置的功能和组件无法满足需求时,程序员就可以参与进来。这样,程序员就不仅仅是一个纯粹的代码工作者,而是一个能够为他人赋能的角色。

我们现在的目标是不断降低代码程序员的工作量,为他们创造更多的机会。虽然我们是基础技术的提供者,需要大量的投入甚至可能会亏损,但是很多利用我们引擎的优秀应用,在行业中获得了大量收益。例如,南开大学的元宇宙课堂、时尚 80 的艺术展等都是真实地收门票，并获得了不少收入。

现在我们还在与日本资生堂合作，将元宇宙应用于化妆品领域。一个元宇宙项目的定制费用可以从 30 万元到上千万元不等。

闫　辉　元宇宙是一个由虚拟和现实交织而成的新型数字空间，它可以让我们获得更加真实的人生代入体验。这一点非常重要，因为我们的生命有限，我们需要通过各种方式来扩展自己的体验和认知。元宇宙提供了一种更加直观、多样化、丰富的人生代入体验方式，可以让我们在虚拟世界中获得真实世界中无法获得的体验和感受。

此外，随着全球人口的增长和财富分配不均，元宇宙可以成为一个重要的增量市场。大量新增的人口需要更多的消费和更高品质的生活体验，而元宇宙可以提供这些需求的虚拟满足。**因为大脑本质上是信号刺激满足感的，所以虚拟体验可以给人们带来与真实世界同样的满足感。对于那些没有物质财富享受的人来说，元宇宙可能是一个非常有价值的选择。**

最后，我们也要认识到，像元宇宙这样的新技术和新市场必然会经历起起伏伏的周期。市场的冷却并不意味着这个概念本身就是失败的，而只是一个自然的发展阶段。我们需要更多的时间和经验来了解元宇宙在未来将如何发展和应用，同时也要做好应对变化和挑战的准备。

几位嘉宾可以谈谈你们对元宇宙的本质的认知是什么。

谢成鸿　人类的未来对我触动比较大的就是黑客帝国。也就是半虚拟、半真实的世界，人们可以在虚拟世界中获得生存体验和精神体验。人类的文明和审美可能在十年后有巨大的改变，如我们现在大量的生产是为了满足精神生活的需求，满足感官的需求。在元宇宙时代这些东西可能会被数字化，能够用更低的成本满足更多人的需求。例如，室外建设 100 米 × 100 米的 LED 广告屏，需要巨大的投资和能源的消耗。在虚拟世界中可能一天只需要几分钱。资源的紧张会带来市场需求。

人口爆炸之后，人类自救也需要类似这样的方式。物质世界在很多方面已经很难满足我们的需求，在生理和物质需求解决之后，心理的需求变得更加重要。未来人类可能会生活在一个真实和虚拟很难区分的世界中。

陈浩翔 现在科学中光的波粒二象性带来很多人的思考，我们是生活在一个真实的世界中还是被构造的一个虚拟世界中？很多人认为，我们现在的世界也是为模拟生成出来的。

现实问题与每个人都息息相关，20%的人掌握了80%的财富。如果要满足更多人，可能就是在元宇宙中——当计算能力达到足够大，当人的各种感官可以接入到世界中，你无法区分虚拟世界和真实世界的时候。

闫 辉 元宇宙这样的话题，我们肯定一期节目谈不完。或许类似当初IBM提出电子商务的时候，其实只是一个概念，代表一种趋势。但这个方向需要一代一代的创业者和公司去实现，中间可能有大量的先驱和先烈。就像IBM虽然提出了这个概念，但最终电子商务的最大成功却是其他公司。

但不管怎样，站在程序员的角度，一个数字世界、一个新的虚拟世界一定与程序员有巨大的关系。大家在做的各种不管是体积视频，还是3D引擎，都是给开发者和应用方提供了更多底层的工具，让大家有机会更好地探索上面的应用场景，或许某个点就会点燃巨大的爆发。

如果有一家公司可以做出统一的元宇宙世界，里面有几千万几亿人，开发者就可以进入做更多应用。即便现在没有这样的统一元宇宙，程序员仍然可以在企业数字化和产业元宇宙的市场中获得商业机会。

感谢三位嘉宾的分享。

程序员
如何在量化交易行业中创富

关键对话 人物

何　波　　中泰证券股份有限公司金融科技委员会主任兼科技研发部总经理，负责中泰证券金融科技的整体工作，主导开发了业内知名的量化交易平台 XTP，并参与了与交易所、监管部门合作的多个金融科技项目及课题；获得了山东省新旧动能转换金融创新奖，齐鲁金融创新人物称号，是中国计算机学会 (CCF) 云应用分会理事，深交所金融科技发展中心顾问，上证信息上证链治理委员会委员，上证信息创新发展委员会委员，ITL 智能投研技术联盟组织委员会委员。

汤　韬　　大龄码农，喜爱编程，曾是 CSDN 早期员工，后多次创业均告失败。现为独立开发者、量化交易爱好者兼职带娃，专注于量化交易、Web 3 和编程语言本身。

量化橙　　量化资管从业者、CSDN 社区博主，清华大学计算机专业毕业，本科 985 高校计算机专业。目前在一家国内头部券商从事高频量化自营业务，CSDN 社区量化方面撰稿人。

关键对话 / 内容

  证券市场上量化交易所占的份额相当大，量化交易也是很多程序员背景的人员可以从事的工作方向之一。CSDN 站内有大量的量化交易的文章和创作者，也有大量程序员在关注这个领域。为了更好地帮助程序员了解量化交易所需要的技术能力、量化投资的经验和教训，我们特别邀请了三位专家与大家分享量化的经验、技术发展的趋势和方向。

闫　辉　　大家介绍一下自己是如何进入量化交易这个领域的？

量化橙　　我在清华大学读研的时候，就在思考未来的研究方向和择业方向。当时人工智能技术非常流行，我们学校的导师和同学都去搞了，做深度学习、自然语言处理、计算机视觉。我不想走同样的路，认为都去卷没有出路。碰巧我遇到了一位导师，有美国这个方向的背景。于是从 2018 年到现在，五年的时间一步步地走进了量化这个坑。

     同时我也在 CSDN 的博客上写了几百篇相关的文章，分享我的学习收获。

汤　韬　　我进入量化领域比较偶然，2015 年是中国股市的一波牛市，我当时虽然没有做量化。但通过量化的思想赚了一点钱，于是就和几个朋友商量要不要做真正的量化，自己开发一个平台。从那时开始，就进入量化领域，自己搭建系统，写策略，一路走来也掉进过很多坑中，积累了一些经验。

闫　辉　　请何总介绍一下中国量化交易的现状和从业者的人群特点。

何　波　　其实在国外，量化交易也只是少数人在做投资中的一种方式。其中有一些极客偶然发现可以用程序化的方式找到投资信号，并用这种方式进行投资操作。国内也有类似的情况，大部分做量化交易的人都是从国外回来的。

中国的量化交易发展经历了几个阶段。最早大家做的是简单的期货期限套利，就是卖空期货，做多股票，当然很容易做到一年 40% 的收益。但随着时间的推移，这种方法的效果逐渐被摊薄。

2010 年被称为中国量化元年，因为那一年推出了股指期货，人们突然有了一个做空的工具，能够实现无风险、低风险的中性策略。真正的量化交易起来其实是在 2018 年和 2019 年，当时国内的量化土壤已经非常丰富。有了很多机构，策略多样性也越来越多。同时，资管新规导致大量原本应该进入地产的资金涌进权益类市场。

在 2019 年之前，还没有一家百亿级的量化私募。但是之后出现了很多这样的私募。他们的策略从最初的做小盘股为主，到后来可以做日内交易，再到现在做贝塔。衍生品的多样性也在逐渐丰富，可以做期权，对冲的股指期货标的也越来越多。

在这个过程中我发现，中国人工智能的应用比美国广泛很多。在美国量化投资中，人工智能的占比只有 5%，挺低的。美国是一代代传承下来的套利，但中国大量的对冲基金都把深度学习作为**重点**。这与中国互联网发展蓬勃有关，很多互联网的人进入了这个市场。

2016 年，中国提出了机构化转型。当时个人投资数量为 1 亿，但到 2022 年 2 月，个人投资数量已经增长到了 2 亿，数量增长远远超过机构增长。美国之前有过一个浪潮，是发展智能投顾。中国也跟风去学习，但都失败了，都把智能投顾变成了量化交易。国外的智能投顾主要是做一些 ETF（交易型开放式指数基金）。

国内的量化和美国不一定会走同样的道路，因为和美国有很大的差异，而且长时间会有大量个人投资者存在。可能会走更多人工智能、深度学习这样的道路。

闫　辉　　大家在做量化交易，从事这些工作的人群有什么特点和画像？

量化橙　　我所在的机构，内部团队一般是国内清北等 985 高校的，金融工程相关专业。还有一些是本科数学专业的，如果学计算机，进入量化交易这个行业，有很多优势。因为机构发展到一定阶段，原有的模型一般比较成熟，很多时候要做开发性质的工作。也就是说，**不管大家是什么背景，在公司都是在写代码，只是偏金融模型的代码。**

所以，我们就是以金融科技工程师或者量化工程师这样的身份切入量化这个行业的。

汤　韬　　我做量化属于草根程序员出身。程序员做量化有自己的优势，因为会编程，可以很快理解量化。其实量化就是借用软件，工程有一句话就是：软件没有银弹。**量化交易也不是银弹。具体到一个量化策略上，就是一个个投资思想的总结。不是说量化一定赚钱。**大家一定要有这样的观点。

程序员要进入量化领域，一定要完善自己金融投资方面的知识，这个比较关键。

闫　辉　　我们最近也发现，在 CSDN 站内有大量的量化交易的技术文章，以及很多相关的代码资源，很多人也在 CSDN 社区中交流。

请问一下各位嘉宾，如果程序员要做量化交易，需要具备什么样的技术能力？要去学习哪些知识？

何波　　在过去几年中，我接触了很多做量化交易的人群，但我开始反思自己是否也有信息茧房的问题。我的主要关注点是利用我们量化平台产品的客户，这些客户主要是量化私募和专业机构，大部分都受过专业训练，有海归背景，导致他们的策略方式和工作方式很雷同。

这些客户的方法论体系都很清晰，如**股票行情就是数据，都是一些信号，与互联网处理数据很类似。大多数人都是通过历史数据找出一些隐藏规律，然后做出预测并下单的。**

程序员在这方面有天然的优势，尤其是涉及复杂时序数据的处理，就像处理日志中的预测故障信号一样。在期货中预测涨跌幅，要在其中过滤掉噪声，寻找规律，而且这些规律不一定稳定，这里面有很多坑。

更复杂的场景是股票，但由于很多真正决定涨跌的信息是缺失的，因此根据信息预测很难。在这种博弈情况下，国内常用的做法都是采用多因子体系，类似于机器学习，通过很多维度打分，然后回测数据。因此，人工智能在这方面特别重要。

在技术方面，互联网行业在量化交易中仍领先于其他行业，包括私募现在使用的技术还比较偏传统。现在主要是单体追求极致的速度。但随着多因子计算的增加，计算效率成为难点，这时互联网技术就可以发挥自己的优势。

建议程序员不要走传统量化的路，应该基于自己的背景和工程上的优势，利用更大的算力和更深度的模型，采用增强学习等方法寻找潜在的规律，脱离传统的模式，从而获得更高的维度，充分发掘数据中的价值。

量化橙 　　学习量化交易可以分为两个部分：成体系化的学习和具体策略的实践。对于想要在本科时就进入量化行业的学生，建议申请美国金融工程的 Master 学位。同时，布斯商学院的开源金融工程课程也是不错的学习资源。在进行体系化学习时，需要打好基础，如学习线性代数、随机分析等知识，同时也需要掌握编程技能。

　　对于从具体策略出发的学习，可以先做一个最小的 Demo 项目，并在这个基础上不断优化。如果发现连续一段时间亏钱，则需要检查开仓情况并设置合适的阈值，过滤交易信号并加强模型特征。如果数据源不够稳定，则需要广泛寻找更高质量的数据源并对数据进行清洗。归根到底，学习量化交易就是让市场不断给自己反馈，通过不断的调整来提高交易胜率。

　　市场流动性较差时，各家私募开始军备竞赛，比拼基础设施的建设水平。当前私募的策略同质化程度相对严重，经常会听到同样的反应：一段时间内大家都不赚钱。互联网技术在量化行业中有技术优势，因此一些公司正在学习互联网方式的组织，通过团队协作来完成一个项目。

汤　韬 　　我入门量化交易的时候，是看了很出名的一本书《海龟交易法则》。虽然这本书里面的一些策略可能现在来看已经过时，但思想还是非常重要的。里面讲述了如何构建一个完整的交易策略，需要什么时候买，什么时候卖，什么时候去止损。用这些要素构建一个完整的交易策略，这对于初学者来说是比较重要的事情。

　　程序员入门不要去开发自己的量化交易平台，而是要利用第三方的量化平台快速入门，并学习交易策略。对程序员来讲，一些简单的策略可能几十行代码，就能让广大程序员看到效果和检验效果。通过历史数据回测，把数据展现出来，快速进入这个领域。所以，有一个能够实践的平台，能很快写代码，并且看到效果，这就是最重要的。

闫 辉 我们听说，一些基金公司中的投资经理背景是程序员，这些程序员通过学习金融知识可以变成一个很好的投资经理。但是你让一个原来做投资的经理，去学习编程知识还是比较困难的。是不是从程序员转投资经理容易？这条路好不好走？

何 波 是的。现在很多基金真正招的人都是计算机背景，这些人过来之后学习专业金融知识半年，有时甚至三个月就够了。因为本质上量化交易就是一个呈现。

当程序员去做一个行业的时候，产品经理会给一个产品需求，然后由程序员去实现。做量化也是一样，把各种因子告诉程序员之后，他写完代码，做回测就行了。他所做的还是软件工程问题。只是量化交易比其他行业的工程问题坑更多。

互联网行业很透明，大家很喜欢交流，喜欢分享。但量化行业特别不流通，信息不对称的情况特别多，因为我思考了半年的想法告诉你，你做完可能会影响我。所以导致这个量化领域讳莫如深，不愿意交流。

我对量化私募的定义就是做投资的科技公司，他们只是用量化的方式来做投资而已。而且让传统做主观投资的人转去做量化是特别困难的，因为程序化交易学编程就是很难的事情。量化交易本质上还是一个工程问题。

量化橙 我完全同意何总的看法。现在大家喜欢调侃学金融的，说学金融的同学找不到金融工作，这是一个非常现实的问题。

因为金融里面做行业研究的喜欢招各行业的学生，如做医药行业研究招学医药的，做化工行业分析喜欢招学化工的。我在私募里面做，大家主要招学数学、学计算机、学物理的。

金融偏向于理论，在工程实践上的能力要弱很多。包括那些做主观投资研究，也是做逻辑上的推导，或者做研究报告，都偏向于定性，他们其实没有动手实践的过程。而计算机行业的人转量化领域，有很大的优势。

闫 辉　　量化交易毕竟做的是资金，如果可以入门，真正操作还需要一定的资金量，有什么要求吗？

何 波　　这和你要做的品种有关系。例如，期货可能有几万元就能做，但股票或者可转债就需要很多钱才能做。这里面创富的故事确实很多。日内频繁交易，从几百万元做到几千万上亿元的挺多的，甚至从几万元做起来的也很多。

　　　　本质的问题就是：越高频的产品，能做T0的，所需要的资金量越小，可以从这个起步。当做股票或者更大策略的时候，你才会考虑需要更多的资金量。

量化橙　　我们机构的资金量相对比较大，至少是千万元起步。

　　　　对个人交易者来说，期货、可转债都是好的切入点。因为他们都可以做日内交易，如果你每一单用最小的单位去做交易，其实也花不了多少钱。

　　　　但如果做股票，因为是隔日交易，而且为了做多因子策略，在股票池中每天选择买入几十支股票，再卖出几十支股票，这个资金量至少百万元左右，甚至千万元。但这块其实反映不出程序员的优势。

　　　　程序员的优势还是在编程，高频的日内交易还是期货、可转债的产品，也有很多开源的或者第三方的量化平台，如何总做的XTP、上海期货交易所的CTP，还有聚宽量化投研平台。大家可以在网上检索量化平台，能够搜索到很多。最近几年，量化在国内发展得越来越好，资料甚至是资金接口相对都没有那么难了。

汤　韬　　我做美股比较多一些。美股对资金量几乎没有任何限制，几万元就能进入这个市场，能获得完整的接口。海外市场可能更亲民一些。

闫　辉　　刚才何总提到了人工智能的发展对量化这个领域的影响，能不能请各位嘉宾再谈一谈。

何　波　　根据我的观察，使用 GPU 集群的客户数量正在增加，尤其是使用大算力的客户。有的团队由 Facebook 回来的工程师组成，他们都有人工智能背景，但几乎没有金融方面的背景，业绩却做得非常好。

从一些私募的招聘信息中可以看出，对人工智能高级工程师的需求越来越大。有一个知名私募在群里说过，很多人怀疑人工智能在量化交易方面的用处，但只要看看他们每年在这方面的投入，以及对招聘人才的需求，就能明白这个事情是否有效。

股市是由很多数据组成的，但更加复杂。股市数据不是完全独立的分布，后面的行情与前面的行情是有关联的，还涉及心理学和金融学中的羊群效应。在更长周期的预测中，可能受一个新的政策对某个行业打压的影响，因为之前没有把相关数据放进去，训练的数据和之前的数据分布完全不同。

在高频交易中，微观结构有很强的预测性，有本书叫《微观市场结构理论》，就是从微观上研究金融市场，这些比较稳定。这方面，深度学习的很多模型可以应用上，可以不断优化。

此外，人工智能还可以做数据的处理。例如，用 NLP 处理爬取的各种新闻，因为新闻中有很多有价值的信息，如果处理得快，就能更快地加工成信号，从而获得更好的效果。知识图谱在互联网中应用广泛，但在量化领域中并不常见，还有很大的发展空间。

所有行业都分上下游，这些上下游之间是网状的联动关系。上游涨价，下游可能利润就会下降，股价也可能下跌。很多时候，我们在做多因子和模型时，会忽略更深层次的网状结构。能不能将互联网中应用非常广泛和成熟的网状结构参与计算，通过上下游的计算做出更快的预测呢？

人工智能在量化投资中的应用还不是特别广泛，因为大部分流派都是遵循美国几十年发展出来的路线。国内在理论上的研究肯定是落后的，但国内可以通过人工智能这种暴力求解做弯道超车，这反而是一条可见变可行的路。

投资中有一个超额收益的说法，所有人赚钱都是认知之内的钱。当我们对量化投资的认知理论上超不过国外的时候，或许程序员可以凭借在深度学习、增强学习、NLP的认知比别人更深，创造自己的差异化竞争优势，而且使用人工智能也会改变市场的结构。

量化橙 我们在机构里面做的，与何总讲的很像，人工智能的应用还是处在比较初级的阶段，主要是当作优化器和修剪器来用。现在各个机构都在部署人工智能的相关工作。例如，很多研究机构发布了研究报告，里面有非常多有价值的内容，能够提供大量的思路，但这些内容距离真正赚钱的模型还有一段距离。

做知识图谱数据的公司最近国内也有两三家，做数据服务的公司也是越来越多，可以预见这是国内这个领域的趋势。

经典的模型，如马科维茨经典规模模型，用线性求解来预测股票仓位，起始是有很多完美的价值的，如足够多的资金、得到数学上的优美自洽。但实际情况往往不是这样的。所以需要人工智能的介入，处理多因子的问题。

闫 辉 做量化交易有什么坑需要注意呢？

何 波 我有一个好朋友，他是一名人工智能专家，在一家头部互联网公司工作。在业余时间，他开始了量化交易的探索，我们之间有过很多交流。

首先，建立量化交易模型时，会遇到许多困难。传统互联网面对的是稳定的数据，但在交易中，噪声比较高。如果采用传统方法处理数据，很多模型都不能有效运用。

此外，如果直接预测股价，很可能会生成一个非常漂亮的曲线。但是实际上，股市每天的波动是微小的。只使用前一天和后一天的价格就可以生成一条特别漂亮的曲线，这很容易导致错误。为了真正做到可预测的交易，需要有可靠的方法论和系统，并利用模型的能力战胜其他人。

交易系统上的困难更多，如不同的券商和交易所处理成交回报的方式不同。由于交易使用真实资金，如果没有进行风险管理，量化交易并不在于你赢了多少次，一次失败可能会使之前的所有利润全部损失。美国有一个经典案例，就是骑士资本在一天内亏了数十亿美元。根本原因是部署服务器时有一台服务器没有升级新的程序，这台机器上跑着的一个老程序触发了一个老的功能，导致当天所有的资金都亏完了，最终被别人收购。

我还看到有人把测试环境和生产环境混用，这也可能会带来损失。

程序员经常用互联网的思路去做事情，如使用分布式架构。但是最终会发现，交易并不需要太多的高可用性。例如，系统挂了一段时间并没有关系。但是我们不能接受复杂架构带来的不确定性，如下单错误、使用过时的行情进行交易。这些错误会比系统挂了带来更大的损失。如果系统挂了，你大不了今天就不赚钱。而互联网一分钟都不能挂，因此我们喜欢使用各种自动处理和自动修复，但这些自动修复实际上会带来不确定性，而不确定性又会带来风险。因此，量化交易的架构通常是非常保守的架构，甚至所有的服务都希望在一个进程中运行，或者不同进程但在同一台服务器上处理，而不是选择做复杂的分布式。

在整个交易过程中，会面临大量没有预料到的信息需要去处理，如行情上的问题、资金管理、头寸管理都是非常复杂的，而且老股票有可能涉及特别多的规则。你做进去会陷入很多细节中。

Lua 是特别适合做量化交易的语言，因为性能比 Java 和 Python 好很多，而且又安全，不像 C++ 的指针和内存易造成崩溃问题。很多时候，交易系统建设好，最后赚的钱还顶不上一次系统崩溃和系统 Bug 带来的亏损。

量化橙　　何总刚才谈的很多问题可能会让一些从事互联网编程的朋友有些困惑。其中最核心的一点是不要闭门造车，也不要自作聪明，瞎干。

实际上，量化这个行业是一个信息不对称比较严重的行业，但国内仍有许多交流和讨论的社区，包括 QQ 群、微信群、B 站等，甚至在 YouTube 上也有很多类似的资料。在开始实践之前，我们应该先广泛了解能够接触到的资料，大致了解一下行业中可行的做法。

除了何总刚才提到的那些问题，还有一个需要注意的问题就是要避免用未来的信息来构建我们的策略。

此外，分工也是一个非常重要的问题。我们不应该孤军奋战，因为单独行动很容易因过度自信和信息不足而导致亏损。市场上有很多懂投资的人，我们可以找一个有经验的合作伙伴一起工作。

汤　韬　　程序员进入量化领域的时候，确实有很强的冲动去自己开发一个量化交易平台，这个一定要克制一下。尽可能用开源或者第三方的量化平台来做，应该把主要的精力聚焦在策略上。我 2015 年开始做的时候，市场上开源的平台比较少，我们就尝试自己做量化平台，结果掉坑了。

建议入门者甚至可以采用半自动的方式来做。例如，通过程序计算出交易的信号，开始也可以通过手工的方式来操作。对于中低频的策略，其实手动方式也是完全可行的。专注于策略，找到一些简单有效的策略，自己亲自去操作，也能建立信心。

闫 辉 我们的主题是创富，对于程序员来讲，是否做量化交易属于有前景的方向？

何 波 我认为投资行业的数字化转型有很大前景。当前，所有行业都在谈数字化转型，投资行业也不例外。投资的数字化转型将必然走向更智能、更量化的方向。然而，由于投资行业存在很多主观性的表达，还有很多主观投资的方法无法量化。但这并不是问题，因为这只是因为人工智能的能力尚未覆盖主观表达的阶段而已。

此外，我们还可以看到更大的趋势是交易品种越来越多。例如，股票就有 4 000 多支，而人的研究能力是有限的。此外，衍生品也越来越多，这些都需要更自动化、更智能化的工具进行处理。作为一名从事互联网软件行业多年的人，我对这个方向是没有任何怀疑的。更好的技术和更自动化的工具一定能够降低风险。手动操作往往会带来更大的风险，如多输入一个零等失误。

整个投资行业都在往自动化、程序化、量化的方向发展。事实上，美国已经为我们展示了这个趋势的明显迹象。因此，无论短期还是长期，我都非常看好这个方向的发展。

闫 辉 感谢各位嘉宾的分享，相信很多程序员朋友虽然没有做量化，但对这个领域应该有了一个朦胧的认知。其中对已经从事量化交易的朋友也给出了很多有价值的建议，希望对大家有帮助。

读书笔记

4

对话 4 部分

程序员成长创富

程序员
如何通过创作创富

关键对话 人物

许向武　　CSDN 昵称为"天元浪子",资深数据处理专家,长期从事数据处理工作,服务于多家科研机构,参与过子午工程、风云系列气象卫星、嫦娥探月工程、空间探测卫星等多个国家级项目的数据处理,先后获"嫦娥五号"地面应用系统突出贡献者、"天问一号"地面应用系统突出贡献者等荣誉称号。

周贺贺　　资深安全架构专家,10 年 ARM 架构安全、芯片底层安全、手机底层安全开发经验,多家 TEE OS 开发经验。现负责 TrustZone/TEE OS 等相关安全产品的研发工作。

安晓辉　　职业规划师,帮助 2000+ 客户解决职业发展难题。畅销书作者,著有《职业复盘:如何拥有喜欢又有价值的工作》《这本书能帮你成功转行》《副业赚钱之道:从 0 到 1 打造多元化收入》《大话程序员:从入门到优秀全攻略》等 9 本图书。

关键对话 内容

CSDN 有上百万博客作者,这些创作者的内容创作为整个技术生态带来了巨大的价值,作为创作者本身,又因其成长经历,获得了价值,围绕这个议题,我们邀请到了几位知名的创作者进行交流和分享。

闫　辉　　今天邀请到 CSDN 社区的博主和技术圈有影响力的几位专家,一起分享创作经验体会,包括如何更好地创造价值。

CSDN 创始人蒋涛推荐过一位台湾地区的技术作家侯捷,他写了一本书《深入浅出 MFC》,这是非常畅销的一本技术图书,卖了几千万码洋。技术写作可以产生这么大的影响力,令人惊叹。当时,我还和侯捷老师、雷军、蒋涛做过一期对话,发表在《程序员》杂志。

可以说,每一代技术都会伴随出现新一代技术布道者和传播者。在座的各位嘉宾属于新时代的技术传播者。请每位嘉宾谈一下,第一次创作是什么样的契机?是什么原因让自己开始创作的?

许向武　　大家好,我是许向武,也是 CSDN 上的"天元浪子"。虽然我已经是一位 50 多岁的程序员了,但我仍然喜欢和年轻人一起探讨技术问题,感受时代的脉搏。今天我们的话题是"创作创富",但是,作为一名创作者,我是否已经富裕呢?我只能说,我一直在路上。

虽然我已经是一名老程序员,但我在 CSDN 上的码龄只有 8 年。之前我想起来自己早期曾经注册过 CSDN 账号,但由于工作繁忙,一直没有时间写东西,只是在不断阅读其他人的文章。后来,随着年龄的增长,我姑娘开始学习编程,我也希望能够和她一起学习。于是,我开始写一些关于编程的文章。

我写的第一篇文章主题是有关 Python 领域最著名的三大模块:Matplotlib、Scipy 和 Numpy,讲述如何用这些模块进行数学建模。我写这篇文章断断续续花了半年时间,非常用心。半年之后,突然之间 Python 培训项目如雨后春笋般涌现,很多人找到我,希望和我合作或邀请我去讲课。

由于我不想和机构合作,我决定自己在网上写作。从那时起,我开始正式写博客。我是那种写作非常费劲的人,比生孩子还费劲,一篇文章要写好几天,反复修改,一年最多只能写 50 篇,后来每年只能写 20 篇。

2019 年疫情暴发,CSDN 举办了博客之星评选活动,我报名参加。那一年,Python 程序员格外关注,我的文章被很多网友阅读和投票支持,最终我荣获第一名。之后,我还开设了付费专栏,价格非常便宜,每份只需 1.9 元,总共售出近 1 万份。

我自己更喜欢看书学习,而现在的年轻人更倾向于从 B 站观看视频学习,我觉得这有些费劲。也许我们这一代人和 20、30 岁的人在理念上有所不同,我可以看电子书,但对于技术类书籍,我更喜欢纸质的。

安晓辉 我曾经阅读过侯捷老师的《深入浅出 MFC》一书,这本书至今仍然是经典之作,几十年过去了仍在热销。我非常欣赏侯捷老师的文笔,他的文章充满了文艺气息。

2008 年,我也写过几篇与 Windows GUI 编程相关的文章。当时我正从事开发工作,我的博客记录了我解决问题的过程。然而,由于工作繁忙，经常加班，我不得不暂停了博客写作。

2013年，我开始从事研发管理工作，我觉得自己可以去做一些更有趣的事情。那时我一直在为互联网电视盒子开发嵌入式Linux系统，上层框架是Qt。我想分享我在Qt上积累的一些经验，希望我的博客可以对别人有所帮助。于是，我重新开始写博客，并持续了好几年。

周贺贺　　我于2013年毕业后开始工作，并在2018年注册了CSDN账号。直到2020年，我才开始写博客。为什么我要等到工作七年后才开始写作呢？因为程序员通常都很忙，没有太多的时间去自由学习和分享。

然而，2020年后我的工作变得不那么繁忙了，同时我也非常喜欢记笔记。以前我用语音笔记，但一旦接触了CSDN，发现它的Markdown编辑器非常好用，写起来非常顺手。因此，我不再使用其他云笔记、Word、TXT等工具。

现在是一个信息爆炸的时代，程序员需要学习的东西非常多，而且不可能全部记住。因此，记笔记非常重要。我从事非常底层的安全技术工作，在网上很难找到相关资料，包括英文资料。因此，我主要靠自学，并将积累的经验记录在笔记中。当我发表笔记时，发现有人点赞和收藏，这给了我新的动力。

从2020年6月开始，我半年时间就输出了近200篇文章。只要搜索相关词汇，百度和谷歌前20篇内容中，我写的能占到一半以上。有些是CSDN博客，有些是别的网站转载的文章。由于我从事的行业比较窄，那几个关键词也比较窄。

在CSDN上，我开始有了小小的名气。因此，2021年我持续输出了三四百篇文章，加上今年发表的，总共已经有700多篇文章了。我开始写文章并没有什么追求和目的，但随着粉丝越来越多，我开始更加认真地写作，希望得到网友的认可。

除了提升技术实力，写博客还带给我其他价值。例如，当我与一些客户交流时，他们经常能够认出我。因为在讨论某些技术时，他们可能会搜到我的博客，然后再看我的微信名字，这样交流变得更加容易了。

闫　辉　　　创作其实是一个非常辛苦的过程，尤其是要持续创作。请问各位创作者，你们持续创作的驱动力是什么？发生过哪些故事？

许向武　　　虽然今天的主题是创富，但我个人的写作动力来源于分享带来的快乐。在写作过程中，尽管也有一些收入，但如果这些收入影响到我的分享，我会愿意放弃它们。对我来说，**分享带来的成就感、被认可和被点赞是写作最大的快乐。**

在我的文章中，一些大学生和研究生写论文时，会搜到我的文章并向我询问问题。我有几篇关于扇形图像数据转换的文章，由于不断有学生询问这个问题，我需要不断更新内容，隔一年就要更新一次。

除了学生，国防行业中的雷达程序员也会和我探讨问题，我也会帮助他们编写代码，而且都是免费的。有几个年轻人想要给我转账，但到目前为止，我没有接受过任何一笔。因此，有些人会寄送当地的特产，如新疆特产或贵州茶。

对我来说，帮助别人比自己挣钱更让我快乐。分享的快乐是我写作的最大动力。当我的书籍出版时，赠书上面写的都是"我分享我快乐"的话语。

安晓辉　　　我原先从事 Qt 框架的开发，主要应用于互联网电视盒子的 GUI。2013 年我主要在博客上写这方面的内容，但实际上 Qt 是一个比较小众的框架，当时网上相关资料也不是很多。

我经常查看博客评论，有人点赞让我感到很好。还有人留言说，分享的方法正好解决了他们遇到的问题，这让我感到更加满足。这也是一种动力。前几天，有人加我微信询问 Qt 的技术问题。我告诉他们我已经 10 年没有研究这个了。但是我和他们交流了一下，感觉还是很愉快的。

写作本质上是一种交流。像我这样的**程序员通常比较内向，在博客上可以畅所欲言，但在现实中不是很善于交际。对于这类程序员来说，写作本身就是一种社交方式。**

在 CSDN 上还有排行榜，看到排名不断上升，从千里之外进入了 1 万名以内，然后到几千名，最后到了 100 名以内，这也让我感到很有成就感。

有时候找工作时，还有人拿着我的书来向我提问。写作可以获得反馈，这种联系可以从文章走到现实中，走到线下，这些都会驱使我不断写作，因为它们是正向反馈。得到正向反馈，会给我带来意义感和价值感。

周贺贺　　当读者私信我夸奖我写得很好或者加微信转钱、寄水果时，我会感到特别高兴。当然，我只收过一次，因为我很好奇，想看看到底有多少钱。除此之外，我还写了付费专栏，反馈也很好。有些粉丝会给我提建议，为了更好地写作，我又开始学习。读者的点拨让我从他们身上也能学到很多。

我发现也有海外的程序员在关注我的课程，他们用的甚至不是汉语，而是翻译软件。其中有来自美国、韩国的程序员，这让我非常有成就感，甚至感觉可以吹牛。

我的另一个驱动力来自读者的压力，因为我从事的是底层架构安全，这个行业比较窄、技术也比较专业，知识点也比较难。尽管受众群体比较少，但是这两年读者越来越多，点赞、收藏、评论也日益增长，这让我感到有一定的压力。很多人的问题都很深入，这些原因也激励我一直在学习，弥补不足。

在我看来，持续的创作就意味着不断学习和成长。写作不仅可以让我分享知识和经验，还可以促进自己的学习和成长。通过与读者的互动，我可以不断地发现自己的不足之处，并努力弥补这些不足，提高自己的水平。这种持续学习和成长的态度，不仅可以对自己的职业生涯产生积极的影响，还可以为读者提供更好的内容和更有价值的经验。

闫　辉　　大家讲的驱动力，很多是读者的互动认可。这确实有人性的本质。我们今天谈创富，一方面是金钱方面的财富，另一方面也来自精神方面的财富，即读者带给我们的认可。

周贺贺　　除了精神财富之外，我认为写作就是学习，学习的过程中技术水平在增长，这也是一笔很大的财富。

许向武　　我觉得写作是一种非常有价值的能力。通过写作，我可以不断地学习和成长，提高自己的能力和竞争力。同时，写作还可以帮助我拓展思路，从不同角度思考问题，拓展自己的视野。这对于我职业生涯的发展非常重要。

此外，写作还可以带来一些意想不到的好处。我通过写作结识了很多志同道合的朋友，我们可以互相学习、交流和合作。这些朋友还可以为我的写作提供反馈和建议，帮助我不断提高。此外，我的写作也吸引了很多读者的关注，他们会给我提出问题、建议和反馈，这使得我能够更好地了解他们的需求，进一步提高自己的写作水平。

最重要的是，写作可以帮助我创造财富。虽然写作本身不能直接创造财富，但它可以提高我的竞争力，使我在工作中更加出色，从而赚取更多的收入。此外，我还开设了付费专栏，提供更深入、更高质量的内容，这也为我带来了不少收入。

总之，我认为写作对于我的职业生涯和个人成长都有着非常重要的意义。它可以帮助我不断学习和成长，拓展思路，结识朋友，提高竞争力，创造财富。我会继续坚持写作，并努力提高自己的水平，为读者提供更有价值的内容。

安晓辉　　我认为创作对于程序员来说是一种非常有价值的能力。通过创作，我们可以提升自己的能力，拓展自己的技术边界，从而更好地完成工作任务。同时，创作也可以直接创造收入，像侯捷老师的书属于爆款又长销，对于在技术上有积累的人，写书也有可能赚到钱。

不同的收入来源，意义是不同的。在我们的内心中，接项目带来的收入和创作带来的收入属于不同的心理账户。我在 2013 年写博客，后来有出版社找我写了两本关于 Qt 方面的图书。虽然两本书只卖出了大约 1 万册，版税也就几万元。但是，你会觉得这几万元和你每个月的几万元工资是不一样的，让你特别高兴。

通过喜欢做的事情带来的收入会有一个专门的账户。写书是一个账户，做课程也是一个账户，而我现在做职业规划咨询的收入和写书的收入又是不一样的。你会发现，**每一种收入都附带了不同的意义。当你有多种收入来源的时候，就有了多种意义**，感觉是不太一样的。

创作收入属于被动收入。书已经出版了好几年，每年还能拿到版税。CSDN 学院的第一门视频课程就是我于 2014 年做的 Qt Android 开发入门的课程，到 2020 年还能有一些收入。

另外，创作的内容边际成本为 0。实际上班工作的时间是卖给公司负责人了，就不能再卖给别人了。但是，创作的内容会有时间批量销售的特点，只需要花费一份劳动，然后借助互联网媒体的形式，无限复制。如果某个课程爆了，卖了几十万份，那就能够获得很多收入。

因此，创作是可以直接创富的，而且没有天花板。它的特点是一对多，批量复制。如果你选的题目好，又考虑到用户的需求，有可能一下子就卖出去成千上万份。

对程序员来说，这就像哑铃模式，一头是稳定的工作，获得稳定的工资；另一头可以是创作，所以我喜欢去写博客、写书。这就像做资产配置一样，先要配置一些稳健的投资，然后再把各种保险、货币基金、债券基金买上，最后还可以选择大额存单、信托等。把自己的时间做好哑铃配置，一头是低风险的很稳定的工作，而另一头是创作类的，如媒体、课程、音频等，它们都是边际成本为0的产品。如果你遇到机会，有可能会给你带来惊喜。

对于程序员来说，走创作这条路是非常好的一种方式。**通过创作赚钱，是很光荣的，谈钱不可耻。所有的创作都是可以创富的，这个意义也是自己赋予的。**

闫　辉　　各位创作者给我们很多启发。首先，不要去规避谈财富或者谈赚钱。第二是创作可以帮助我们衍生出更多收益的业务。例如，之前一位朋友写了一本软件研发管理的书，虽然书卖不了多少钱，但他作为书的作者，就变成了资深讲师，就有很多大厂请他去讲课，授课加咨询的收益非常可观，可以支持他全职转型。也就是说，通过创作可以形成品牌和IP，然后获得更多变现的模式。

接下来，我想请问几位嘉宾，创作和写代码两件事，有哪些共同点和不同吗？

许向武　　我认为网上的文章可以分为三类。第一类是直接上代码的风格，这种风格非常程序员化，很多程序员认为说话没有用，代码里有注释就可以了。这是一种典型的程序员思维。第二类是像我这样的风格。我会花很长时间讲前言，讲的也花里胡哨，一旦进入主题后，就很少再有长篇大论。而且我会想办法写一个吸引眼球的标题。第三类则是最好的，它拥有极佳的节奏感，从一开始就详细讲解，到最后每一步都说得非常清楚，同时也有代码和详细的说明。

我的文章基本上属于第二类，但我也尽量想出更有创意的标题。例如，我最初发现标题非常重要，因此我写了一篇名为"Python 初学者"的文章，这篇文章最后的访问量还是比较大的。此外，我还写过一篇名为"MFC 时代的晚歌"的文章，这是一篇理想主义的绝唱，里面掺杂了我个人非常强烈的看法，非常文艺。

总的来说，我认为选择一个好的标题很重要。只要标题与主题相关，不会使读者感到困惑或误导，就可以适度地发挥自己的创意。毕竟，个人创作应该有一定的自由空间，不必像出版社编辑那样要求严格。

安晓辉 我与大多数人不太一样，我先写文章后写代码。在上大学时，我就喜欢写小说、散文和诗歌。写文章其实是一个从无到有的创造过程，需要构思人物、故事情节，理顺后将其写出来，这个过程会带来创造的乐趣。后来我发现软件开发也是类似的，同样是一个创造性工作。从这个角度来看，软件开发和写文章非常相似，都是创造并享受乐趣的过程。

我在从事软件开发几年后发现，软件和文章都需要讲究逻辑和拆分。软件需要设计业务逻辑、模块交互、协议指定等，可以自顶向下拆分模块，调用流程明确。通过逻辑训练，我再去写文章时，就很容易写出结构清晰、逻辑性强的文章。

代码还有一个特点，就是实用性很强。每一行代码都有一个作用，开发出来的产品也需要解决用户的问题。经过长期的训练，我写文章也带有这种倾向，每篇文章都力求写出实用性强的内容，能够帮助读者。

因此，我认为**优秀的程序员很容易成为优秀的技术文章作者，因为他们具备原创性、逻辑性和实用性这三个方面的特点。**

周贺贺　　我同意晓辉老师的观点，写博客其实就是在写代码。在编程时，我们通常会首先考虑结构，代码只是实现这种结构的方式之一。同样，博客中的文字和图片足以清晰地描述原理和方案，只需要少量的代码。优秀的程序员可以将博客中的文字和图片转化为代码，从而构建出所需的代码。

　　　　然而，我认为写书和写博客的差异是非常大的。写博客可以自由发挥，可以将多个知识点放在同一篇博客中，没有太多限制。但是写书则需要先确定大的主题，然后在此基础上设计一级标题、二级标题等。所有的框架都需要先搭建好，再往里填东西，这是一项非常困难的任务。写博客可以先有内容再有标题，但写书则需要先有标题，再填充内容。因此，写书的门槛比写博客高得多。

闫　辉　　大家写了那么多文章，读者是什么样的一群人呢？他们的水平和需求是怎么样的呢？

许向武　　当我观察我的读者群时，我发现他们可以分为三类：第一类读者是新手，他们希望找到入门级的文章，并且希望文章能够手把手地教他们；第二类读者则方向性更强，如机器学习、深度学习和数据处理等领域，他们会刻意搜索这方面的资料，如果我的博客能够提供这方面的内容，他们就会留言或者发私信给我；第三类读者则更加关注就业问题，他们不仅考虑如何学习技术，还考虑这个技术是否能够帮助他们找到工作。

　　　　这三类读者的重叠部分是第一类和第三类，大约占三成。第二类读者最近两年增长迅速，占四五成，他们的提问深度也越来越高。剩下的二三成则是关注如何快速入门和怎样就业的读者。

　　　　作为一名博主，很难同时满足这三类读者的需求。因此，我可能需要以其中一类读者为主，兼顾其他读者。我可以通过观察读者反馈，了解他们的兴趣和需求，进而优化和调整我的博客内容，以更好地满足他们的需求。

安晓辉 我发现我的读者群可以分为不同阶段。今年我写的书籍主要是面向那些想要成功转行或进行职业复盘的读者，文章内容主要涉及职场和职业发展。因此，吸引的主要是那些希望提升工作能力、找到更理想工作并希望职业发展更顺利的读者。

以前我写技术博客时，我发现有两类读者最为关注。第一类读者非常关注解决问题，他们阅读技术文章主要是为了找到能够解决问题的方案和代码，对文章的叙述方式并不是非常在意。这些读者往往是在有明确目的的情况下搜索某一类文章。因此，在写技术博客时，我通常会围绕如何解决问题来展开，同时所有的代码都是经过实际测试的。另一类读者则更关注如何克服障碍。很多读者在文章后留言或者私信我，询问代码运行时遇到的问题以及如何去解决这些问题。

周贺贺 我已经写了 700 多篇文章，但我的粉丝数量并不是特别多，只有 1.5 万个粉丝。其中，大约有 300 人购买了我的付费专栏，100 多人购买了我的课程，所以至少有 400 人次进行了付费。

我的读者可以分为两类：第一类读者主要是在寻找答案，他们会根据文章标题来判断是否能解决自己的问题；第二类读者则是因为我的专栏非常优秀，想要系统地学习，并购买了全部内容。

闫　辉 感谢三位创作者和大家交流，也感谢大家利用 CSDN 平台提供了大量有价值的内容。对于创作者来讲，写技术博客是第一步，是比较容易的，写书还比较难，但通过博客可以逐渐构建粉丝群体，构建更多的服务。

大家也谈了一些从事创作的起因和驱动力，以及获得的价值。除了创作可以真的带来金钱财富，还能带来很多衍生的服务和衍生的价值。我相信，在创作的过程中，不仅仅是对个人带来了金钱财富，也对社会创造了大量价值和财富，这是我们创作创富的更大理念。

程序员
如何通过远程工作创富

关键对话 人物

阿　德　　　　　　PMCAFF 产品经理社区 CEO，云队友远程工作创始人。

西门良　　　　　　前美国亚马逊全栈工程师，2016 年回国创业，2017 年创业失败后，在 Upwork 平台创建档案并开始了全职远程软件开发的工作。一年之后就创办公司，通过平台为国内外大小公司（包括 3M、Shein 等）做软件开发的方案，从平台年收入超过六位数美元。

　　　　　　　　　目前和女朋友自驾旅居，并且管理全远程团队，继续在平台上做软件方案和制作小而精的互联网产品。CSDN ID：simonl0909。

杜　仲　　　　　　杭州健信科技有限公司（Joyone）创始人兼 CEO，阿里巴巴资深研发管理，20 多年的研发和研发管理经验，在软件开发过程管理中积累了丰富的实战经验；阿里集团研发一体化平台 Aone 和运维自动化 Armory 产品负责人，2012 年年底从阿里巴巴离职，该产品至今仍在阿里巴巴集团内部深度使用；擅长"资深＋完整＋独到"的研发团队管理方法论，擅长组建高绩效研发队伍，所承接的项目均能按时、按质、按量交付；三次从 0 到 1 的创业经历，使得其在企业文化建设、合伙人招募与团队建设，创始团队如何从 0 到 1，股权治理对公司的利与弊，如何设置最优的员工激励政策等方面积累了大量实操落地经验；2016 年创立了健信科技，旨在利用自身的经验和技术管理优势，为企业全方位解决技术领域的人和事的问题，包括但不限于为企业提供团队建设、研发流程、系统选型、架构设计、绩效考核等方面的咨询和培训；软件研发数字化管理平台产品 Joyone 首席架构师。

近年来,随着互联网技术的飞速发展,程序员远程工作已经成为越来越多企业的选择。远程工作不仅可以让程序员在家中舒适的工作环境下完成工作,还可以为企业节省办公空间的成本,提高工作效率。

对于程序员来说,远程工作不仅可以让他们有更多的时间与家人相处,还可以让他们有更多的时间探索兴趣爱好。

然而,程序员远程工作也存在一些挑战。首先,由于没有直接沟通,可能会导致沟通不畅,影响团队协作;其次,由于工作与生活的界限模糊,可能会导致工作与生活的不均衡,影响工作效率。

因此,程序员远程工作需要企业和员工共同努力,解决沟通问题、平衡工作与生活,才能真正发挥远程工作的优势。

闫　辉　今天是《程序员创富》系列访谈的第八期。随着疫情的出现,很多公司的员工不得不远程工作,而且现在也有很多平台,让程序员能够通过远程来承接项目或服务国内外的企业。今天我们就围绕远程工作这一话题探讨程序员在其中的角色和价值。先请几位嘉宾讲一下自己做的和远程工作有关的事情。

西门良　我是西门良,一个"90后"的程序员。2016年从美国亚马逊辞职回国到北京创业,但创业并不顺利。为了生存,我机缘巧合地找到了 Upwork 平台，并通过一段时间的努力，成功进入了平台前 5% 的高收入人员层次。到目前为止，我在平台上个人赚了 30 万美元，我组建的团队赚了大约 50 万美元，同时也有其他来源的收入。

我们的团队是一个全远程的团队，没有一个人在同一个城市。在这样的方式下我们已经工作了五六年。

我们曾经帮助上海的一些创业公司搭建技术架构，并成功获得了两轮的投资。我们也曾帮助美国的房地产行业的公司打造了一套相关的系统。

我目前的生活状态是旅居。一周前我在辽宁沈阳，然后经过北京，现在接到了 Bilibili 的邀请来到江西南昌参加此次对话。

现在我是 Upwork 的认证专家，同时也是官方中文论坛的版主。目前，这个论坛有超过 8 000 名中国用户。

杜 仲　　我是一位有着 20 多年工作经验的老程序员，2012 年年底离开了阿里巴巴。在阿里巴巴工作期间，我做了两个非常值得骄傲的产品。第一个是阿里内部研发管理体系产品，这个平台管理着几千个项目的协同工作，包括"双十一"这种大型项目的协同都在这个平台上进行。第二个是一套运维自动化系统，用于管理超过百万的网络设备和服务器，这个平台在"双十一"大流量的调度中也发挥了重要作用。这两个产品至今仍在阿里内部使用。

从阿里巴巴离职后，我经历了三次创业。前两次我都是以联合创始人兼 CTO 的身份管理产品和技术团队。第三次创业则是我独立创业，开发了研发管理平台，为客户提供服务，帮助研发团队提高效率和质量，实现精细化管理。

研发管理的本质是两个指标，一个是工作效率，另一个是工作质量。在我们为客户提供服务时，客户常常问能否直接帮助他们开发软件，于是今年我们决定使用我们的平台为客户开发软件。这和传统的外包有着本质的不同，因为项目的程序员并不是我们的员工，而是远程的开发程序员。

软件的核心关键角色是产品经理和架构师，分析清楚之后把任务拆解出来。软件开发项目中绝大部分投入是程序员，我们通过远程方式在这个平台对他们进行管理。产品经理和架构师可能有两三个人，但能够同时并行多个项目，并让程序员通过远程方式进行开发。

阿德 我最早做的是 PMCAFF 产品经理社区，我们把中国互联网的产品经理聚集在一起。然而，我们很快发现这个社区很难赚钱。产品经理这个人群其实很小众，我们一直在思考如何实现货币化。我们试着探索了两个方向。其中一个是项目管理平台，我们将项目接手、拆分，然后分配给众包人群来完成。但这个方向最大的问题是资金管理，一旦项目数量增多，就会变得混乱无序。

于是，我们考虑做一个纯线上的服务，而且不让员工参与其中。恰好在 2020 年疫情期间，为了方便办公，我们做了一个类似于 Upwork 的服务，叫作云队友。一些企业可以利用这种服务来找到远程工作的人才，性价比很高。例如，运营人员只需要 3 000 元每月。

然而，由于有些客户描述需求不清楚，不会写 JD（职位描述），筛选人才也不会，这导致了一些问题。为了解决这些问题，我们思考是否可以让承接任务的人自己声明他们能做什么，让甲方直接付费。就像购买商品一样，我们在云队友上建立了一个技能超市。虽然订单量很大，但平均单价只有 150 元，因此商业模式还有很大的改进空间。

闫辉 远程工作平台可以帮助程序员赚钱，但自己平台的模式也很重要。国外的 Upwork 做得很好，西门良能介绍一下 Upwork 上的程序员的数据吗？各位嘉宾也谈谈自己的平台上有多少开发者。

西门良　　我在 Upwork 做了好几年，能够从他们前台看到一些数据。现在平台上有 180 多万工作者，项目平均在 25 万个。我在运营中国的社区，里面有 8 000 个左右注册的用户。之前大部分人偏重于中文翻译、外贸采购，还有程序员和设计师，以及工业设计。例如，帮客户做 3D 打印和工业设计，有时候还能够帮助客户把生产的链条也搞定，工作范围也挺广。**程序员和设计师这两类人群，应该是除了翻译之外最多的两种远程工作者。**

杜　仲　　我们的平台每个月都会有超过 100 个甲方的项目，并且成交量也很高。相比于阿德的云队友，我们的平台更适合大一些的项目，因为我们提供了更加精细化的管理和监督，从而为客户提供了更准确的时间、效率和质量保障，客户满意度也更高。

　　软件开发的核心在于对需求和产品设计的准确性，只要做到这一点，开发团队就能 100% 还原产品设计。对于程序员来说，我们的平台也提供了兼职的机会，因为程序员也希望通过真实项目进行锻炼，并获得额外收入。目前我们已经合作 100 多位程序员，参与了 20 多个项目的开发，所有的工作和记录都在平台上，并且会有项目经理进行评价。如果能接触到更多的项目，程序员的眼界和技能也能得到很大提升。

阿　德　　我注意到牛市和熊市的接单情况有所不同。2016—2017 年，我们主要接到的是企业项目，个人接单比较少。但是在 2018—2019 年互联网泡沫破裂后，我们看到个人用户量快速增长，注册用户数量接近百万。其中一些用户是从抖音平台转来的。

　　现在人们非常焦虑如何赚钱。我们过去的惩罚机制不会对用户跳单进行实质性的处罚。但是，由于经济形势不佳，这些惩罚机制最近两年变得更加有效。

　　个人用户现在基本上只能接受具体的工作安排，类似于老师布置的作业。然而，我们也注意到有些总监级别的用户接单后，会将需求转包给其他人。例如，他们可能会做数据测试，或者将甲方的需求转化成文档并将其转包出去。

最能赚钱的是小团队，因此我们平台会将一些优质的线索对接给合作紧密的小团队。此外，甲方的管理非常重要。但总的来说，大家之间的合作都比较短暂、零散。中国目前还没有出现能够长期与陌生人合作的情况。

闫　辉　　西门良可以介绍一下国外的平台如何做有效的运营，帮助团队更好地承接项目。他们的管理办法和运营规则有哪些？

西门良　　首先，我们会在 Upwork 平台上筛选客户发布的项目，作为团队负责人，我们会先筛选我们能够胜任的客户。然后进行一轮沟通，这需要一定的谈判技巧，争取在最短时间内传达出我们最出色的能力，如果沟通顺利，我们会进入下一步谈判。最后，客户会在平台上向我们发出 offer。

如果是按小时计费，平台会有一个计时器，我们需要在工作时打开它。每十分钟，平台就会截取一次屏幕。最终，按照平台上规定的时薪进行结算。平台每周会从甲方收取费用，两周后进行结算并扣除手续费。

如果是整个项目的接单，我们需要向客户提出建议，然后按照这些建议进行交付。

平台会提供一些客户资源，帮助我们学习如何更好地接单。此外，平台也会定期组织交流活动，让开发者能够更好地为甲方服务。

闫　辉　　国内平台去接国外的项目，汇率差是不是主要的利益空间？而国内的平台，因为没有汇率差，所以平台的发展受到限制呢？另外，哪些是限制国内远程工作平台发展的因素呢？

阿　德　　老美也会把很多活包给东南亚或者人力成本更便宜的国家，本身就是人力成本的转移，确实有这个问题。

碎片化的工作肯定有人要去做，但中国的问题是甲方的发展也处于早期，管控能力也比较弱。中国的甲方规划能力太差，老想占便宜。而国外的一些客户规划能力很强，要做什么事情，在计划书里面都写好了，比较不容易产生争执。

中国的客户在提需求的时候，有很多形容词，如接地气的 IM，用户体验好，这样很容易扯皮。

闫　辉　　远程平台上发布的项目有什么特色？一般甲方是什么样的企业？

西门良　　我们其实接过很多种不同类型的项目。有的就是个人，很小的需求。国外也有不少个人创业者，有个 idea，希望做个原型，如简单写一个网站发布，或者用 Notion 随便搭一搭，还可以用低代码工具快速做一个原型。

第二类我们团队接的比较多，就是需要一个特殊技能。例如，我最早是做 Elastic Search 的优化，之前我创业的时候就用 Elastic Search，做过很多优化，对这块技术很熟悉。我当时就是切了这个特别小的角度，只做这个。虽然我前后端都能做，是全栈工程师。但我不选择和印度、东南亚的程序员抢单。这方面客户的付费意愿非常高，因为他们很难快速成为专家，我可以填补空缺。我最近做了一个 Elastic Search 优化的项目，只花了五个半小时给他看了一下集群，然后就是梳理了一下，客户付了 5 000 美元，相当于一个小时赚 1 000 美元。

第三类就是整体项目，有些比较大的企业项目。我们给美国的一个大学做了一套数据同步的方案，几十万美元，做了三个月。

闫　辉　　　我们看到有合作的程序员，这些程序员一般来自哪里？他们的状态是怎么样的？

杜　仲　　　这里我要分享一些我们公司的远程工作案例。其中之一是我们曾有一名全职员工，由于我们公司在杭州，而他的家人却在老家，疫情管控时一个月才能回家一次。这让他觉得长期分开不好，想要辞职。但是，由于他做前端开发，回老家找不到合适的工作，而且收入也会降低。因为我们对他非常熟悉，所以我们同意让他转为远程工作方式。这种工作方式已经持续了一段时间，他觉得也很满意。

另一个案例是来自广东茂名的一位程序员。他之前在广州工作，但是感觉生活成本高，压力也大，而且还没有找到女朋友，于是他决定回老家。之后，他在我们公司的平台上注册并与我们合作，我们发现他非常能干，能力和状态都很不错。因此，我们与他签订了长期合作协议。虽然我们从未见过面，但我们一直采用远程工作方式。我们甚至让他担任一些项目的核心岗位，包括项目经理的职责。他常常在半夜 12 点多还在回答客户的问题，比我们公司的全职员工工作效果还要好。

我们还有一位小伙伴，在身体方面有一些不方便，而且也住在三线城市。但我们觉得他做前端开发非常出色，所以我们把项目都分派给他了。还有一位小伙伴，是 UI 设计师，因为要照顾孩子，不能外出上班。只要她能够按时完成工作，我们就不在乎她在哪里工作。虽然很多小伙伴从未谋面，但我们的团队协作一直非常良好。

阿　德　　　我也看到很多旅居的程序员。例如，在桂林的程序员，之前在北京月工资有 3 万元，但在远程每月有 1 万元收入也很满意。因为也降低了对自己的要求。

我们有一位在北京燕郊的宝妈做运营，一天工作 3 小时，一个月收入 4 000 元，因为要照顾孩子，也是很满意的。

所以**远程工作的便捷性是有的，最大的问题还是甲方的不专业。大家不会定义需求，不会布置工作**。很有可能提出需要 5 000 元做一个聊天软件。

西门良　　确实有这样的甲方。很多时候是甲乙双方对目标的期望不一样，就会出现问题。

我们在海外接活的时候完全没有遇到过这样的问题。我们只要把工作节点对齐，把工作目标讲好，大家很喜欢这种工作沟通风格。

团队内部的管理也是这样，我不会给任何人时间上的压力。只需要收集下面同事完成工作的时间点，然后告诉甲方。

杜　仲　　在中国的软件开发行业，甲方需求变更是非常常见的。如果需求分析做得不对，软件项目最后的交付很难成功，甚至要白干一场。因此，在我们的团队中，**产品经理是核心成员，而开发不是核心成员。产品经理对于一个项目成功交付的重要性超过 50%**。

我们团队前期会和甲方进行深入沟通，了解他们希望做什么系统，并且在此基础上分析需求和业务场景。我们会告诉客户中间可能会有很多不同的分支、不同的节点需要考虑。在我们的团队里，我们不仅仅是按照客户要求做，而是会一起分析需求和业务场景，并给客户提供解决方案。如果逻辑不成立，我们会告诉客户不需要投入时间精力去做开发。

因为开发成本比找人沟通成本要大，所以我们必须从逻辑上推演，考虑最终的运营场景和业务模型，确保前期细节梳理充分。这也是我们能够准时交付的原因。有一个客户，我们和他进行了三四次深入交流，并由资深的产品经理探讨业务逻辑的漏洞并解决。客户对我们提供的解决方案非常满意，这也是我们能够获得高客户满意度的原因之一。

闫　辉　　　站在程序员角度，如何安排工作节奏呢？

西门良　　　我的客户主要在美国，时区的调节是一个非常困难的事情。因此，我的经验是在选择客户时要进行筛选。例如，必须要求客户与我有一段重叠的工作时间。如果他们不能接受这一点，那么这个客户就不适合我们。

其次，我们将沟通时间缩短到每周一次。例如，我们每周晚上和客户沟通，我们会在会议之前做准备，并将成果汇总为一个演示文稿。其他沟通，如代码审查，都通过异步方式进行。

我不希望我的生活被打乱，我可以早上 7:30 起床，或者晚上 12 点睡觉，但我不能通宵工作。

我们接国外的项目，有时是帮助客户转化他们的 idea。在这种情况下，我们扮演半个产品经理的角色。另一种情况是客户的 CTO 列出了需求，我们直接与他们的开发人员沟通以便了解情况，并在清楚了解后提供方案。第三种情况是我们帮助客户的日常开发工作。

只要对方的需求比较明确，我们都可以接单。我们的一些欧洲客户也不喜欢开会，通常通过即时通信软件进行聊天即可。国内的程序员需要具备这种工作基本的读写能力。

如果想要接国外的项目，就需要具备更强的职业能力。建议大家可以使用一些机器翻译工具，我们在 Slack 上使用了一个翻译插件，只需要输入一些格式化的中文，就可以直接转换为客户能看懂的英文。因此，即使你的英语能力不太高，也可以接受这种工作。购买国外的机器翻译服务的费用也不高，一年只需要 500 元左右，如果使用付费版本，则沟通质量会更高。

因此，我强烈建议大家试着在平台上接受这种工作。

杜 仲   我们今天的话题是程序员远程创富，我讲一讲程序员在职业生涯中如何赚到更多的钱。其实，赚钱的能力与你能够输出的价值基本上是成正比的。

  第一，你的技术能力本身要做到独当一面，在某个领域成为专业的技术人才。

  第二，在程序员这个领域，一定要做一个软件，不管大小。虽然软件的复杂度越来越高。

  作为一个技术人员，一个方向是增强技术能力，让你的收入更高；另外一个就是项目管理能力，能不能带着一些程序或者团队把项目交付掉。基于管理能力，只要能做成事情，你的价值也就体现出来了。

  此外，技术是为业务服务的。你对业务的理解和对业务的分析能不能给业务方帮助，如果我们能够提升这种业务分析能力和产品能力，也能够让个人的收入得到很大的提升。

  不管职业生涯中是不是远程，只要能力提升，收入一定会得到提升。

闫 辉   在平台上接远程的工作，有什么优势和劣势呢？

阿 德   作为程序员，我们通常拥有很强的技能，但我们的沟通能力往往欠佳。然而，有效的沟通在职场中非常重要。尽管在公司中可能难以改善，但在兼职远程工作时可以进行一些练习。

  然而，时间管理是一个劣势，因为对于那些在正常工作时间内工作的人来说，时间管理确实具有挑战性。在沟通过程中，我们需要清楚地计算好自己的时间，避免混淆工作和兼职的时间，同时也要保证生活的品质。

  做远程工作的程序员还需要学会选择客户。如果客户的需求过于模糊，我们可以帮助梳理，但如果梳理不清楚，最好是绕开，因为我们没有必要把一个陌生人教育成为一个能够沟通的人。这件事情过于困难，要学会节约自己的时间。

通过各种沟通，我们会逐渐获得不同的经验，或许还能得到晋升的机会。因此，在职场中多学习沟通和管理技能是非常重要的。

闫　辉　　远程工作也需要组织团队，在团队管理和协作方面，有什么经验和教训呢？

西门良　　我们团队比较小，所以我们在招人的时候比较谨慎，一般会像硅谷那样出题来测试候选人的需求整理和沟通能力，同时也让候选人模仿远程工作，给他们一个项目，让他们评估交付时间并进行线下互动。我们需要拥有很强需求整理和沟通能力的人加入我们的团队，如果感觉不行，那就不适合在我们团队里面工作。

在工作中，我们一周开一次项目会议来安排工作，同时使用任务看板来管理任务。刚开始我们也是按小时计费，基于信任，我们让大家自己计时，同时在团队中培养默契，如果工作卡住了就需要暂停计时。我们的计费标准是量化的考核标准，基本上是 30 美元每小时起步，如果做得好，可以涨到 40~80 美元每小时，这也是我们团队能够保持默契和凝聚力比较强的原因。

杜　仲　　团队中软件开发协作非常重要，我们有一些明确的原则。例如，项目经理或者产品经理给了任务之后，一定要有三个明确的反馈：

第一个是你对任务是否理解，如果不理解，肯定做不了。

第二个是这个任务需要评估时间，也就是预估工时。

第三个就是安排在什么时候做。

这是三要素，讲完之后也就是个人和团队之间形成了一个契约。例如，我接受了这个任务，明天开始做，两天干完。

然后所有这些都通过系统来管理，发布任务，提交代码，验收通过，形成一个闭环，有始有终。

闫　辉　　　很高兴今天几位嘉宾谈了远程工作的一些方法和经验。最后请几位嘉宾谈一下，什么样的程序员适合做远程？另外远程工作带给个人的价值和意义是什么？请嘉宾总结一下。

阿　德　　　我觉得自己工作能力过关的程序员都可以做远程，对于真正的程序员来讲其实没有门槛。

　　　　　　对自己的价值和意义就是35岁的时候没有人能够炒你鱿鱼。人生挺美好的，工作能力也是现代社区商品交换的一部分。这个市场需要很多老人的代码。**老程序员的好处不仅仅是代码写得稳健，而且还会兼顾一部分产生经理的价值。**

　　　　　　人本来可以很潇洒，如果觉得上班不得劲，觉得在蹉跎岁月，可以用一种全新的方式掌控工作和生活节奏。人和企业的关系也在改变中，未来碎片化的协作会越来越多，可能未来的工作和生活方式就需要在这个过程中去锻炼。

杜　仲　　　我同意阿德的观点。对于适合做远程工作的程序员来说，他们需要具备良好的自我管理和沟通能力。对于中国的程序员而言，如果能接到美国项目，由于货币汇率的影响，他们可以获得更高的收入。

　　　　　　此外，远程工作不受地理位置的限制，可以在任何地方工作，例如在自己喜欢的地方或者老家。只要有足够的工作机会和来源，养活自己就不成问题。此外，远程工作还可以获得更多的时间和机会与家人团聚，增加家庭的幸福感和安全感。如果能够接到全球项目，也可以在实践中提高自己的能力水平。

西门良　　　我个人最信奉的一句话就是：如果你有各种技能，而且技能能够相辅相成，你的收入是能够加倍的。

　　　　　　因为我在远程工作的社区很活跃，很多朋友向我咨询：要不要学英语？要不要学前端？要不要学运维？我觉得大家有这种疑惑也很正常，因为学习都需要时间成本。我只能以我个人的经验告诉大家：我能写前端，后来做过 AI，我有英语能力，也有和别人沟通与公开分享的能力，我的收入就是在不断增加的。所以就是要坚持学习，我最近还在一直看 AI 论文。

如果大家有经济压力，确实可以考虑远程的机会。因为其中有一个杠杆。我现在工作一周也就 20 来个小时，剩下的时间都可以拿来做我想做的事情。例如，不断在外面旅居生活。

如果大家感兴趣，我自己也在做 Upwork 的经验课，大家也可以看。我有一个学员，是一个宝妈，之前在国企上班，希望再增加一份家用，所以开始学习前端。现在做软件的成本越来越低，尤其是海外，只要会写前端，很多 API 可以接入进来，就可以做全栈的项目。她学习海外的一些低代码平台，帮助客户搭建一个完整网站，**几个月时间就在 Upwork 上赚了 13 000 多美元。除了国企的福利和工作薪资，相当于多了一笔很大的收入。**

Upwork 上有很多很多这样的成功故事，如果大家感兴趣，希望做这种地理套利，或者让生活更舒服，可以去尝试。

女程序员
的程序人生与成长

关键对话 人物

茜　茜　　　　　　谷歌软件开发工程师。2018 年北京邮电大学本科毕业，2020 年康奈尔硕士毕业，2019 年在谷歌实习，2020 年入职谷歌，工作 1 年升职，现已在硅谷生活了 2 年多。

一只白　　　　　　Waymo 软件开发工程师。本硕学习数学与统计专业，2019 年攻读硕士学位，其间一拍脑袋开始自学转码，2020 年毕业后加入 Waymo。

大表姐　　　　　　Cocos 引擎生态总监。硕士毕业于中国科学院大学。一直从事游戏行业，在市场热门游戏品类中均有深厚的研发经验，是《乱江湖》《捕鱼达人》系列等爆款游戏的核心技术研发人员。目前就职于 Cocos 引擎生态部门，主要负责引擎产品研发迭代、各业务线 CP 技术支持、开发者生态、高校业务拓展和线上线下活动。

关键对话 内容

闫 辉   今天我们邀请几位程序员小姐姐一起对话，探讨女性程序员的成长。在活动开始前，朋友圈里有人看到活动海报，给了一个评论：颜值即正义。所以，我们这是一个正义的对话。

    三位程序员小姐姐里面，有两位来自美国硅谷的公司，还有一位是出品《捕鱼达人》游戏的触控科技的 Cocos 引擎生态总监。

    要找到三位愿意出面的程序员小姐姐还是非常不容易的，很多女性程序员不太愿意直播。所以，我从 B 站上找到茜茜和一只白，她们都在 Bilibili 上有自己的账号，并且分享自己作为程序员的工作和生活经历。接下来，请各位小姐姐介绍一下自己是如何进入程序员这个职业的。

茜 茜   大家好，我现在是谷歌的一名软件工程师，已经在美国待了差不多 4 年多时间，现在是生活和工作在硅谷。

    成为一名程序员，其实开始并不是我的目标。我来美国读研的时候，身边的很多朋友都把程序员当作一个目标，所以也影响了我。

    如果我们想在美国积累一些工作经验，留下来工作，最好的途径就是拿到一份技术相关的工作，拿到工作签。就是这样的原因，是一个很简单的故事。

大表姐　　我之前从事手游开发工作已有 7 年时间,大家可能听说过我是《捕鱼达人》游戏第三代的主程(核心技术开发程序员)。现在,我负责 Cocos 引擎的生态技术支持和运营。

其实,我成为程序员的准备是比较早的。读高中时,我的一个表哥在完美公司做美术,他向我推荐了一些学习什么专业可以从事技术方面工作的建议。

由于我从小数学学得比较好,曾获得河北省的数学竞赛一等奖。再加上我的英语也不错,他建议我学习程序员这个职业。他给了我一个充分的理由,即程序员男性比较多,而且赚钱多。

我一想到事业和爱情都能融合在一起,这个职业听起来很不错,于是我选择了软件工程专业。三年工作经验后,我开始担任触控科技《捕鱼达人》游戏的主程。之后,我考上了中国科学院的研究生,读完两年后,我发现除了技术之外,还可以从事很多拓展性工作。因此,我开始从事引擎生态的工作,这也与技术息息相关。

一只白　　大家好,我的经历稍微不太一样,我本科和硕士都在学习数学与统计,我在硕士最后一年才开始转码,现在是 Waymo 的程序员,是一名前后端全栈都做一些的工程师。

我到美国是读统计专业,当时准备读博士。但在美国读硕士的两年,让我感觉太难了,于是就想找一份工作。刚好一位已经在谷歌工作的学长就劝我转码,因为工作机会多。

闫　辉　　大家成为工程师,参与了什么项目?做了什么产品能带来成就感?

茜　茜　　具体什么项目因为涉及公司机密就不说了。我在工作中转过一次组。最早是做全栈,前后端都会做,当发布了服务之后,因为很多人使用,还是很有成就感的。

后来我们转到一个做底层产品的组，当时公司很多团队来使用我们的架构，合作过程中帮助其他组发布了产品和服务，也会有成就感。所以，不同的工作带来不同的成就感。

大表姐　　《捕鱼达人》是一个大家比较熟悉的游戏。但我更希望把它视作站在巨人肩膀上的工作,因为前面已经有了《捕鱼达人1》和《捕鱼达人2》这两款全民性游戏，已拥有上亿用户。我在前辈们的基础上，做了一些延伸和拓展。

我更想分享的是我在第一家公司的经历。当时我刚刚毕业，整个引擎还不是特别完善，我们的 UI 界面还需要手写代码设置位置，实现起来很困难，一些动画还不是用编辑器做出来，也要手写代码。

当时遇到问题之后，只能硬着头皮去解决。我从毕业到入门，对程序员有了感觉，大概用了一年的时间，几乎很少在 12 点之前下班。其实也不是公司的要求,而是我自己要寻找解决问题的方法。有时候感觉有点撑不下去，但是有个声音会告诉我：一定要争口气，女生也可以写出好的代码，学了这么多年计算机，要做出一点成绩。最后，我真的硬着头皮挺过去了。

这个经历对我来说非常珍贵，因为当我遇到其他困难时，我相信自己也能够克服。

一只白　　谷歌本身有保密级别，而 Waymo 是保密中的保密。我刚刚加入这家公司的时候，对自动驾驶这件事情没有任何想法。但有一天我真的坐上一台没有司机的无人车，然后很平稳顺畅地行驶时，感觉像魔法一样。

我之前给自己的定位是大公司里面的螺丝钉，但有了这种体验之后，给我一些成就感，感觉自己在做一件非常有意义的事情，一件能够对以后的世界产生影响的事情。

闫　辉　　　我看到茜茜和一只白都在 B 站上分享一些视频，讲述工作和生活的经历，能不能给我们分享一些你做 UP 主（Uploader，上传者）的故事？

茜　茜　　　我在 B 站和小红书上，很少分享关于技术的问题。我主要分享的是上班的日常、程序员在硅谷的生活等。毕竟公司的事情比较机密。

　　　　　　我个人的分享欲比较强，比较喜欢记录，我觉得生活如果不记录，过段时间你就会忘记那段时光有多快乐。

　　　　　　开始的时候，我主要是分享给国内的家人。后来我发现，身边好朋友的爸妈也很乐意看我的 vlog（视频网站日志），因为其他父母也能从我的 vlog 中看到他们的孩子。于是我慢慢把分享变成了一个习惯。

　　　　　　我在 B 站也收到过很多评论，让我分享美国留学、北美就业、升职的一些心得。

一只白　　　我和茜茜比较像，我是想记录自己的生活，而不是程序员的工作，只是刚好工作是我们生活中很重要的一部分。

　　　　　　当然，我也陆续出了几个视频，讲自己转码的经历。因为我在这个过程中得到过很多人的帮助。所以我回答别人的问题、分享我的经验是很开心的。虽然我没有办法回馈哪些曾经帮助过我的人，但我用这些视频，尽我可能帮助正在走我之前所走过路的人。

大表姐　　　虽然我没有做 B 站账号，但现在做的生态运营的工作，也是很大一部分要做对外的分享和传播。

　　　　　　开发者使用一个技术或者工具，一定要对技术底层有比较透彻的了解，才能做出最快的判断，以最高性价比和最高效率完成项目需求。我们就是要找到类似她们两位的人，把引擎和使用引擎的人做串联。

闫　辉　　　我们今天不谈论性别的问题，但确实工作中会不会因为女性身份，在做程序员这个职业过程中感到外部的压力呢？大家如何面对和处理？

茜　茜　　　**美国这边还好，不管招聘还是其他，都会强调多样性。公司会要求招聘一定比例和数量的女生，所以不会对女性有歧视。**

　　　　　　我一直以来的经历，从理科生出来读本科、读研，找工作，我的成绩比较领先，所以没有觉得女生技术能力比男生差。我也是之前小组升职最快的，我觉得工作中男女比较平等。

大表姐　　我可能相对比较幸运。

　　　　　　中国这么多年的传统文化，性别作为一个主观因素确实存在。在数据方面，高管和顶级人才中，女性比例还是相当低的。所以，一个观念的改变并不是一句口号，或者宣传一种文化，或者制定一种规则就能实现的，还需要漫长的过程去打破，重新塑造。

　　　　　　工作七八年以来，我能看到项目组中，还有大学的招生专业，女生的比例已经上来了。尤其是我读研的时候，人工智能学院的男女比例将近 1∶1，一些游戏公司程序员的简历投递比例也将近 1∶1，我看到这个数据也很震惊。

　　　　　　所以，在技术方面，社区从业机会、公司的福利和政策已经趋向于相对平等状态，我觉得未来可期。

一只白　　我是那种从中国三四线小城市走出来的女孩，在老家的时候，是能明显感觉到那种性别偏见的。例如，我小学数学成绩很好，旁边的大人会觉得很奇怪。当我到武汉大学的时候，数学院的男女比例差不多 3∶1；等我到研究生的时候，上的是全球 Top10 的统计学院，男女比例 1∶1。现在我们公司的小组也是男女比例 1∶1。

　　　　　　所以，性别压力与你所处的环境是分不开的，我觉得如果不想感觉到这种压力，就要让自己往更好的平台去发展，当你站在一个更好的平台时，你会发现曾经压在你身上的性别歧视不知不觉中慢慢消失了。因为**你越往一个高的平台走，遇到的越是心态更加开放、更加包容的人。**

闫 辉　　从脑科学角度看，不同性别的大脑模式还是有一些差异的。例如，男性更偏理性，女性更感性，这方面对于程序员这份工作有没有带来困扰或便利？

茜 茜　　我感觉工作中很少用到感性思维，程序员这个职业主要以理性思维为主，不管合作还是完成项目。

　　　　我感性思维的方面，主要体现于和同事的相处。如果职场要走得更好，不仅仅需要技术能力很强，还需要和负责人、同事处好关系。我是一个特别重感情的人，在经理生病的时候，我可能会有一些很小的关心举措，这对我来说是一件小事，有时我自己都忘了，但经理却记得这份来自同事的温暖。

大表姐　　程序员的工作确实理性比感性多很多。但是我现在带团队，需要合作，如果是纯理性逻辑严谨，就没有办法打开彼此之间的壁垒。这时候就需要有相对比较强的共情力和同理心，才能知道对方想要的是什么，需要交换角度沟通，才能比较高效。

　　　　所以，我觉得是分两块。做事的时候让理性占据主导地位，但在沟通和团队协作方面需要感性。而且工作和生活其实很难完全分开，有时候像多线程，一会儿工作，一会儿生活，这就像感性和理性一样，也是一个并存的过程。

一只白　　理性和感性都有好的一面和不好的一面。

　　　　如感性，当我看到一些不好的新闻或负面新闻，会让我的心情很糟糕，我很容易被影响到。

一个更好的情商能够让我们在工作和生活中走得更远。我觉得，处理好感性的优点和缺点比理性更重要一些。相对理性，我觉得感性更重要。这可能也是被大多数中国人忽略的问题。**我们国内大家被训练的是，要不停地努力，成为一个优秀的人，但很少被要成为一个内心圆满的人。我觉得这也是国内教育的一个缺失。**

到国外，有一点让我很惊讶，那就是印象中很多领导应该是很老套。但这边的很多经理，四五十岁都非常体贴，能够精准地把握到情绪，例如我刚刚转码的时候，内心很慌张。我的管理者就找到我，专门安排一个导师每周处理我的问题。我也在国内实习过，给我的感觉完全不一样，因为不会有人关心一个刚入职的小人物的困惑。

这也是工作教会给我的成长，关注自己的工作能力，也要关注自己处理这些情感的能力。

闫 辉 做程序员的工作压力是比较大的，有个笑话说：把女人当男人用，把男人当畜生用。站在你们的角度，体力和工作强度上是否构成挑战？

茜 茜 其实每一份工作都是要付出努力的。程序员之所以觉得累，主要是因为脑力劳动硬核一些。其实还有很多职业需要脑力劳动，也更加辛苦，如老师、医生之类的。老师一天到晚教书，还要改作业、监督晚自习，医生也有从早到晚站着做手术的。

我认为，**程序员是一个比较看经验积累的职业，刚入行的时候，确实会需要花费更多时间加班加点地学习。**如果你对这个领域比较熟悉，就可能不会那么累了。

当然，程序员也必须不断地学习，因为技术不停地更新换代，一直要保持学习的状态，这方面确实比较累，感觉像一个准备高考的学生，一直做理综卷，一直做新题。心比较累，体力方面还好。

大表姐　　我也认同茜茜的观点。现在大家累主要是看加班和工作时长。有时候，因为不熟悉项目，或者刚刚进入新的组，确实需要一段时间来弥补之前不擅长的地方。但这个是有价值的，我觉得一切都值得。

无意义的地方在于无意义的加班，干耗时间。如项目改需求，我做游戏的时候，经常遇到问题，改个需求后代码就需推倒重写。网上的段子讲产品经理和程序员打架往往出现在这个地方。所以，**做项目的时候，一定要把需求想清楚，否则对程序员伤害非常大。**

第二点可能是内卷的原因。如在游戏行业，晚一天上线可能会少赚很多钱，所以会有来自公司的压力。而且游戏有及时性，当某类游戏风靡的时候，需要尽快上线，否则损失比较大。

而且在技术圈，如果彼此的差距不是很大，在技术没有太多问题的情况下，只能拼时间来增加竞争力和概率，这些原因综合起来就会造成加班是一个常态。

当我们没有办法改变大环境的时候，就需要加强锻炼，提高效率，同时让项目组尽量想清楚，减少不必要的重写带来的损失。现在加班时长还是非常严重的，我不是很喜欢目前的状况，不健康。

一只白　　国内外情况不太一样，我现在的工作基本上不加班。我的表哥在国内大厂上班，工作强度很大，有时候7天的工作，约出来吃顿饭都很难。这样就不正常了，确实不健康。

我自己工作的时候，产品经理写好的需求，如果要修改，还是要求单独一个文档，然后评估时间，制定优先级，再调整周期，而不是加班加点地完成。

闫　辉　　我们讨论一个轻松一点的话题，网上有一些段子，说程序员是好的相亲对象，因为挣得多，花得少，死得早。几位嘉宾都是女程序员，你们认为，男程序员对女性来讲，是一个好的选择对象吗？

茜茜 因为我现在的工作圈子，只能接触到男程序员，尤其是在Google，在硅谷，整个大环境圈子已经固定了，基本上找对象只能找男程序员。

我觉得找程序员作为对象挺好的，因为在工作上遇到技术问题时可以探讨。就像我和我对象是在实习的时候认识的，一起刷题，互相做模拟面试，两个人行业相当，就会一起进步，在工作或者升职方面也有共同的话题。

如果我不是程序员，我觉得男程序员也挺好。从我接触的朋友来看，程序员相对单纯一些，大多数都是直男，有什么矛盾，可以直白地沟通，不像其他行业的男生可能会委婉冷战，相互猜测。

大表姐 我觉得找程序员做男朋友是一件挺好的事情。

首先，男程序员更倾向于自己解决问题，而不是去敷衍。不管感情还是生活上遇到的事情，可以坐下来讨论一个方案，把问题实际解决掉，从根本上避免后续的争吵。这个很重要。如果对象不善于解决问题，敷衍或者应付一下，对于感情是有很大伤害性的。

其次，男程序员整个思考的逻辑性更偏于理性，不容易情绪化，当然他们确实有一点点小的偏执，有点难以被说服，或者很难有共情心和同理心站在另外一半的角度思考问题，例如他们不太明白为什么不化妆不可以出门这件事。

一只白 我觉得个体差异性比职业带来的特性要大很多，我是一个内向的人，并不喜欢总是社交玩耍，我也希望对象是偏内向一点，不要有很多工作上的应酬。从这个角度，程序员还是挺不错的。

闫　辉　　　你们对自己职业规划有什么看法？

茜　茜　　　我还是挺喜欢程序员这份工作的，普通程序员有两个级别，到了高级工程师就可以决定以后走管理方向还是技术方向。我目前的想法更愿意往管理层走，因为我个人喜欢和人打交道，对技术有一定的热爱，但还没有到狂热的程度。我觉得当技术积累到一定量的时候，就可以向管理层走。

大表姐　　　我刚毕业三年的时候，就思考过这个问题。当时技术已经积累了一段时间，我思考了很多，到底更喜欢哪个方向，更擅长哪一部分。

　　　　　　读研的时候，我给自己设定的是技术路线，往技术专家方向走。因为这样更酷、更专注。但后面真的做的时候，发现需要很深的数学功底，还需要一些物理学的知识。因为我不是基础学科出来，本身就偏应用，再转底层，难度非常高。

　　　　　　于是我斟酌了一下，开始转移到管理路线。走到管理的时候，发现技术积累、程序员的工作经验非常重要。因为团队里面有运营、策划、产品、美术，还有不同的业务线，还有商务和法务、财务和你打交道。如果不清楚这些人工作的状态和他们关注的点，管理团队时就会有很大的壁垒。如果你不了解对方在乎什么，好像永远不在一个频道上说话。

一只白　　　北美这边，程序员有两条路径，我的想法是偏技术一些，因为做管理一天要开很多会，对我来说比较有挑战。当然，技术这条路难在到一定程度之后就很难走了。我尽可能走到一定程度，再用发展的眼光思考。

　　　　　　生活有那么多的可能性，技术发展到一定程度，我就会想探索人生其他的新方向。

闫　辉　　　女性职业发展中的一个很大挑战是结婚生孩子，虽然大家没有经验，你们能站在女性角度根据周围人的情况谈谈看法吗？

茜　茜　　　不可否认，各行各业的女性结婚生子都会对职业有一定的阻碍。因为怀孕生子的过程中需要更照顾身体，不可能工作那么久。不过我也看到特别成功的例子，提前规划得很好。当然生活有很多变数，对每个女生来讲都是一个取舍，结婚生子投入家庭中也是另外一种幸福。

大表姐　　　我觉得结婚生子并不是必选题。大家都是自由的。如果有一天我遇到这种情况，既来之则安之，我会把两者尽量平衡好。感情生活和家庭生活非常重要，应该放在第一位。

一只白　　　我妈在事业上比较工作狂，没有怎么管过我，反而给了我一些不错的品质，例如我从小就学会自己管理好一切。我觉得自己不会放养式管理，但也希望孩子和我是独立的人格，我会帮助他形成自己的人格，实现自己的人生。

闫　辉　　　大家有什么业余爱好？

茜　茜　　　我兴趣爱好挺多，平时弹钢琴、画画、健身，如果放假，我们基本上是旅游和摄影。

　　　　　　目前因为疫情，我们是在美国各个地方自驾游。美国有很多证书可以考，如潜水证和滑雪证。

大表姐　　　我下班之后是定期运动，如游泳和羽毛球，我还有一点就是喜欢报一些培训班，如 PMP、商务英语的考级，还有心理咨询师等。

平时剧本杀也是我玩得比较多的活动。

跑步和徒步、旅行、爬山这些课余活动也是一个载体，填充工作以外对身体健康有益的部分。

一只白　　我觉得最重要的是健身，我一周去健身房四次。之外就是养猫，我现在养了三只猫，偶尔打打游戏。最近比较喜欢自己做菜，经常约朋友一起做菜吃。

闫　辉　　感谢三位嘉宾的分享，大家想对中国的女程序员说点啥？请总结一下。

茜　茜　　不管国内还是国外的女程序都要对自己有自信，女生的技术不比男生差，希望大家在职业发展上越来越好，不要被家庭和感情因素影响太多，我们都是自由的、独立的个体。

大表姐　　我觉得要遵守内心的选择，不要因为外在改变你真正想做的。另外就是勿忘初心，要一直坚持下去，不要中途放弃，就肯定会到达。希望大家把自己放在第一位，遵从内心，坚持下去。

一只白　　首先，还是要建立自信，我从小受到打压教育比较多，很长一段时间不自信，反而是在我转码之后慢慢建立起自信来。其次，要学会辨别周围的声音，如果是有人打压你，让你不舒服，让你感到焦虑，就远离他。最后，努力很重要，选择努力的方向更重要，想清楚之后就去做。

程序员
如何转向管理者创富

关键对话 人物

范 凯　　　　大龄 IT 中年，怀着一颗好奇心，喜欢探索，爱好学习。创办了 JavaEye 网站，担任过 CSDN CTO，现任医疗互联网公司 CTO。视频号：CTO 范凯。

周秋野　　　　北京理工大学硕士、南开大学 EMBA；互联网从业 17 年，先后任职于三家上市公司并担任高级管理岗位，涉及技术管理、产品运营、市场营销等，在电商、社交、金融和汽车新零售等领域具备独特经验和资源。

数美科技副总裁，荣获 2018 年度 GITC 互联网大会技术领军人物奖项，2019 年度中国云计算行业优秀人物，任 GITC、InfoQ、Arch Summit、51CTO、CIO 联盟、北京大学信息化大讲堂等国际互联网行业技术大会出品人讲师、腾讯 TVP 最具价值专家、CIO 时代创业项目培训导师、复旦大学 MSE 学院客座讲师、成都信息工程大学计算机学院导师、中国互联网技术百人会（CTO100）副理事长、中国软件行业协会投资专业委员会常务理事、中国商业联合会互联网应用工作委员会智库入库专家等职务。

王学湛

北京惠众志远管理咨询有限公司首席教练，拥有20多年成长型企业咨询培训经验，开发出《领兵5式》《带将3招》《统帅2手》等多门版权课程，以及确保训练效果达到"会做、能用"的版权训练方法《学湛训练法》，并在此基础上出版了专著《打造企业创新团队——5式3招2手湛三角》。服务过的企业包括北航泰安科创园、同立海源、农芯（南京）、势加透博（成都、重庆）、智源新能、思路创新、景达生物、吉天仪器、聚光盈安、网动网络、海克智动、中电科技、中顺易、软通动力、药渡网、中科晶云、猪易网、龙湾地产、博润新能、华大基因（北京）、金山软件等。

闫　辉　　今天我们的主题是程序员如何转管理创富，现在先请几位嘉宾自我介绍一下。

范　凯　　我在 2010 年至 2013 年间在 CSDN 担任 CTO，负责线上产品和工作。现在担任丁香园的 CTO。在此之前，我曾经创办了一个技术网站，叫作 JavaEye（现更名为 ITEye）。因此，我的工作经历可以分为三个阶段：做技术网站，被 CSDN 收购，之后又到丁香园担任 CTO。

周秋野　　我在互联网行业工作了十七八年，最初也是从程序员开始的。现在，我的职业方向已经不再是程序员，也不是技术管理，而是业务管理。

王学湛　　我曾在金山工作过一段时间，之后一直与互联网程序员这个群体打交道。在 2007 年打造团队时，我发现程序员有明显的优势，但也有明显的短板。他们非常聪明，具有超高的智商，但在与人交往时会有一些问题。因此，我现在专注于帮助 300 人以下的创新创业团队，提升战斗力并激发创造力。同时，我也帮助程序员从一般的技术人员或技术骨干转型为管理者。

闫　辉　　我们今天的话题叫从程序员转向管理者,但有的用户觉得"转"这个字不好。那我把这个问题抛给几位嘉宾,如果是一个填空题,中间应该填什么?

范　凯　　如果是我填写,我认为是"进化"。我觉得我从过去一个很厉害的程序员到一个很厉害的创业者,我要进化到一个领导者,带一个更大的团队在更大的平台上把事情做成。这个过程就是进化。

周秋野　　如果让我填空,我会填"迭代"。一个人干活可能很顺畅,但带一个团队走得更远,这就是管理者需要做到的,责任和未来的挑战都需要我们快速地迭代。

王学湛　　我认为,团队管理是个人事业发展的三个阶段中的第二个阶段,需要"成长"。第一个阶段是做程序员写程序这件事,第二个阶段就是不能光靠一个人,需要团结更多人才能把事情做大。

闫　辉　　请大家谈谈当时是什么样的场景、机遇或者经历,让你走向管理者的?

范　凯　　二十多年前,当时在一家软件公司,因为被领导赏识直接上来就让我带团队。当时也有点慌,赶快去市面上看了一些团队管理的书,恶补一些相关的知识。

　　看完三五本书,大概地总结一下。基本上就是要去定目标、分配任务、定期检查工作,要懂得任务如何分配、团队如何激励。这样就有了一个基本的认知框架。

　　然后就是按照框架,根据每个人的特点,安排工作任务,通过这种方式一步一步上路。我觉得此事要躬行,通过实践慢慢积累经验。所以,我觉得作为领导者,带团队这件事情一半是科学,一半是实践。

周秋野　　我首先是主动举手,报名做管理者的。这与我的背景和性格有关系。因为我上学的时候,就是足球队的队长,愿意组织一些事情。2005 年加入互联网行业做程序员。2008 年,正好有一个机会,上级领导要培养下一代的主管。我认为这是一个好机会,因为可以获得体系化的培训。

于是我成了四五个人的主管,之后带 15 个人左右。最初是带开发团队,后来逐渐接手了运维、安全、测试之类的团队。之后又跨度到产品运营层面。

从职业发展角度,我后来又转型到业务管理。这个过程中主要是内心的主动性,因为如果自己抗拒,肯定很难做好。如果愿意接手这个改变和痛苦,后续遇到的困难也都容易解决。

王学湛　　我觉得你们两位讲得很好,毕竟都是程序员出身。从我的观察来看,大部分程序员晋升到管理岗位都是被动的,往往是因为工作做得好,领导就给他压点责任,让他带团队,被动转型成为管理者。

闫　辉　　我观察到,技术公司提拔管理者时,通常会选择技术能力最强的人。我认为,想要成长为技术管理者,至少在专业技术方面要有相对的优势。因为管理团队需要做一些技术决策,比如如何设计框架,采用何种技术方案,使用何种编程语言、中间件,云原生时代使用何种开源软件搭建,等等。这些技术视野和能力是决策者必须具备的。但从比重来看,我认为技术能力只占 1/3,其他则是沟通协调能力和影响力。

范　凯　　我同意闫辉的观点,技术能力是根基,但并不是所有技术顶尖的人都适合去做管理。有些人特别喜欢写代码,个人效率极高,但对带团队、沟通组织协调不感兴趣，甚至觉得这些事情是浪费时间。这类程序员不适合做管理，可以选择成为公司的首席架构师。在我多年的工作经验中，我确实遇到过几个这样的程序员。

周秋野 我认为，作为管理者，综合能力非常重要，包括管理的方法论和责任感。管理团队要比个人写代码复杂很多。在做管理时，我们需要平衡各种杂事，所以需要从原有的技术思维模式框架中跳出来，将要做的事情变成一个框架，并通过制度和流程来管理。在很多公司中，管理属于"道"的范畴，而技术属于"术"的范畴。

王学湛 我认为，如果一个程序员想要转向管理，技术能力肯定是最重要的。如果你没有足够的技术能力，机会就不会出现。此外，当你往上走时，技术所占比重与职位的高低和平台的大小有着密切的关系。职位越高，技术所占比重越低；平台越大，职位越高，技术所占比重也越低。反之，平台越小，技术专业所占比重越高。因此，技术占比是一个动态的变化，而不是静态的。

闫　辉 我之前采访过一些程序员出身的管理者，他们都会在刚开始做管理时感到没有价值感，很焦虑，不知道如何感知管理的价值。你们怎么看？你们有没有在做管理时感到失落的时候？

范　凯 我对此有着深刻的体会。当一个技术人员开始带领团队时，他会觉得有很多琐碎的事情需要处理，成就感很低，甚至觉得这是在浪费时间。很多程序员在刚开始转向管理时，都会遇到这个问题。

　　我个人认为，技术人员在写代码时，所面对的问题和领域是高度确定性的。如果你写出了正确的代码，那么你就可以得到你想要的结果。但是，管理团队是一个开放性的问题，没有标准答案。面对这种开放性问题，当你做出一项决策后，你不知道能否获得你想要的结果。因为不同的人会有不同的反应,每个人都有自己的经历,同样的方法可能会带来不同的结果。

因此,在没有标准答案、面对高度不确定性的状态下推动事情并取得结果,最大的挑战是要改变思维模式。**研发人员通常的思维方式是非黑即白,要么对,要么错。但是,管理要的是灰度,没有绝对的对或错,问题是模糊的。**

周秋野　　我在做程序员的时候也有自己的价值观,但转为管理者后遇到了各种问题,让我感到很迷茫。因为每天面临许多事情,却没有标准答案。

我发现,建立一套能够管理这些事情的机制和流程非常重要。我读过华为的一本书《以奋斗者为本》,里面讲得很好。在一线工作时,我们往往把自己定义为执行者,领导给我一个任务,完成之后结果非常确定,到点下班,不需要太多思考。但是如果以奋斗者为本,就需要拓展思维,从一个执行者调整为奋斗者,需要更积极的状态、乐观的情绪和有信心接受挑战的能力,能够带领一群人打胜仗。

此外,管理者要先与团队成员达成共识。技术人员一般表达能力偏弱,比较内敛。如果我们问懂了吗?他们通常会回答"懂了",但实际上并没有理解。因此,如果大家无法达成共识,就很容易出现冲突和问题。

如果我们用工程师思维来带领团队,没有做好沟通,肯定会遇到问题。因为每个人都是一个小闭环,有不同的思维方式。因此,我们需要建立一些共创的讨论机制,在团队中形成共识。

作为管理者,我们需要明确自己的目标,是管理人还是管理事情。

王学湛　　成为管理者后,很多技术骨干会失去价值感,这是一种普遍的状态。因为他们从一个舒适区进入更大的领域,需要适应。

做管理,必须接受灰度。面对同一个人,即便使用同一种方法,不同时间的效果也不一样。因此，做事和处人是密不可分的。**做事，需要有突出的长处，追求出类拔萃，尊重客观规律。但做人则需要情商，不能有明显的短处，追求融洽合群，理解人性并尊重个性。**

在做一个项目时，需要将做事和做人来回交替，无缝衔接。在策划阶段，需要先考虑事情，然后再考虑人。但在实施阶段，需要先考虑人，然后再考虑事情。

例如我们打羽毛球，如果和对手打，互有胜负，双方都有乐趣。但是如果被对手虐得体无完肤，几次就没有兴趣了。所以，价值感的后面是能够有成就感，得到认可后就会产生价值感。

周秋野　　我认为除了让自己有价值感外，还要让团队成员感受到他们的价值和贡献，这是一种高级的管理哲学。

闫　辉　　我们发现，对于管理，许多人都有自己的体会，但实际上，像 MBA 之类的书籍已经形成了方法论。问题是我们不知道或者没有找到答案。你们是自己总结的经验多还是从外部学习的理论多？

范　凯　　我在一线工作多年，从几个人到几百人都有管理经验。因此，我总结的经验更多。但是我一直在阅读不同的书籍，每个阶段我都会选择不同的书籍。我首先会进行实践，再进行学习。

我们会从自己的经验中提炼方法，但很多时候没有书籍中的完整体系。通过书籍，我能够更好地掌握管理思想。因为我有实践经验，所以能够更好地理解理论知识。

周秋野　　虽然我上过 MBA，但是理论归理论，主要是为了补充我们框架的短板。

在企业一线工作，很多时候需要快速实施。最好的方法是将理论和实践结合起来。但是很多时候，如果只看书而不去实践，那么我们将无法掌握真正的实战经验。

有许多管理书籍，从各个角度来看待问题。哪些书更适合呢？我认为最有效的书籍是那些能够帮助你最终取得结果并实现目标的书籍。例如，我现在做 SaaS 软件，我会关注这方面的书籍。我更喜欢看那些失败的案例，因为光鲜亮丽的成功可能无法复制，但如果我知道哪里有坑，我就可以避免它们。

王学湛 我在写书的时候，发现管理学的书太多了。每个理论都对，但有一个问题，任何管理方法和应用都有一定的条件和边界。如果不把条件和边界搞清楚，都是空谈。因此，管理不是在理想条件下找完美答案，而是在有限条件下找最佳解决方案。理论和实践是相辅相成，不是二选一，而是相互配合。

闫辉 我在和技术出身的管理者交流的时候，他们经常给我讲一些体会，就是能够将技术中的一些方法和模式用在管理中，或者用一些技术的术语来描述管理中遇到的问题。大家有没有这种感觉和例子？

范凯 我从编程里面体会的不多，但从打篮球里面得到了很多启发。我是老 NBA 球迷，从乔丹到姚明的时代，我都看完了。在我看来，领导者就是 NBA 的球队经理，在预算一定的情况下，如何让团队有更大的产出，团队的架构如何构建，其中肯定要有超级明星，但也不能都是，里面还要有踏踏实实干脏活累活的角色。

同时，还需要有教练设计球队的战术，以及在团队遇到挫折的时候如何调整战术，团队成功的时候如何激励团队。我经常假设我是一个 NBA 球队的总经理，要带着团队取得胜利。如何把有限的资源和预算让团队的产出最大化，我经常思考这个问题。

周秋野 在我看来，小公司和大公司的管理是截然不同的。小公司通常是创业公司，因此管理就是经营，必须要管好自己的事情、完成任务并转向经营。从我在球队经营中的体验来看，我们经常会给球员评分，制定逻辑和规则。在组建球队时，我们通常会选择那些价值潜力高但目前不被看好的球员。当然，适不适合管理还有很多评估因素，例如有些人有选择困难症、优柔寡断、左右为难，虽然人很好，但这会阻碍团队成功。或者有些人与人沟通不够好，带人时容易产生质疑。因此，看人时，我经常采用结构性思维，用数据导向来做决策，而不是用主观感觉来判断。

技术人员转型为管理者需要有目标感，对未来的几年做好规划。如果目标感不强，就很难转型。例如，你可以想象自己成为MVP或行业资深专家。

王学湛　　我认为管理与其他领域有很多共通之处，如范凯就通过打篮球来领悟管理。管理之所以复杂，是因为人们不断地创造各种管理流派。因此，在打造团队时，我采用了大量的减法，尽可能地简化管理问题。例如，从程序员到管理者，我们只需要采用三招五式即可解决问题。如果你管理的是一个小团队，用最简单的方法就能解决管理问题，做到80分没有问题。如果要达到90分，就需要更大的努力，要超过90分就需要天赋了。

闫　辉　　我想了解一下，当一个程序员被提拔到管理岗位上，他们可能会带着哪些原有的思维模式，从而容易给自己挖坑？

范　凯　　根据我的观察，**大约2/3的程序员在被提拔到管理岗位时，面临的第一个也是最大的障碍是放权问题**。因为在他们做程序员的时候，很多事情都可以做得又快又好。然而，当他们被提拔到管理岗位时，他们通常不放心把事情交给下属，总觉得自己可以做得更好，结果总是要自己来干，或者让别人搭把手帮忙干最困难的部分。

此外，他们对下属的工作总是不放心，不断地去检查，最终形成一种惯性，导致团队对领导的依赖性加重。而领导又处在这种被团队需要的状态，虽然抱怨，但内心享受。

从程序员转向管理者最大的瓶颈是不肯放权，因为放权会带来失控感。但是，一定要放手，否则团队无法成长，永远依赖你，你也永远是最忙最累的。我看到很多管理团队很细致，每天都会管理许多细节，导致底下的人没有办法，最终把总监压到经理，把经理压到一线，把一线压成跑腿的。

周秋野　　我从另一个角度出发，假设我们从技术管理者转变为业务管理者，这也是一种视角。在这个转变过程中，往往存在一个断层，就是缺乏整体或全局的观察和检测能力。之前我们通常只看重某些局部点，而不是学会看待整个面，也没有对数据产生敏感性。

另外，许多管理者将出现的错误视为表象的特征，而不去深入挖掘原因。

带领团队很容易想要展现自我，觉得自己现在是团队的领导者，而团队成员都必须听从自己的指挥。这种错觉会让自己和团队之间产生很大的距离。

王学湛　　程序员转向管理者的过程中，最常碰到的问题范凯都说了。一个叫越俎代庖，就是一竿子插到底。因为**基层管理者写程序是他最熟悉的，而且总认为别人写得不如他，所以会感觉其他人效率低，很容易越俎代庖**。

要解决这个问题，需要训练。第一个是应该让下属干的活，自己不能去取代；第二个是不能有一种教会了徒弟，饿死了师傅的想法；第三个是要学会如何驱动下属把事情做好。

很多时候看了很多书但仍然不会处理管理中的问题，是因为缺乏一段时间的管理训练。

闫　辉　　　我们知道，我们的大脑都是由认知模型驱动的，很多时候是突然领悟了一个道理，就是一个认知模型。各位嘉宾在管理上有没有这样的时刻？

范　凯　　　确实像你说的，积累到一定程度，突然把某个模型想通了，变成了自己的认知。

例如，一个公司最重要的战略是使命、愿景、价值观。我自己的理解是，使命是为什么要做这件事；愿景就是未来几年希望做成什么样子；价值观就是为了把这件事做成，团队应该打造什么样的文化。后来我又自己画了一个金字塔，塔尖是使命，下面是愿景。

而战略就是选择做什么，不做什么，把资源放在哪个方向上。有了战略选择之后，就需要制定阶段性目标，目标就是 OKR（目标与关键成果法），为了达到目标，就需要拆解几个关键性结果。

我把这一系列金字塔都画出来，自己感觉很舒服，因为将各种管理思维和框架形成了自己的认知体系。

王学湛　　我也有类似的体验。在做团队管理的时候，我突然明白了一个道理，就是要建立一种双向沟通的文化。这个文化不仅是领导向下沟通，也包括下属向上反馈。这个认知模型在我的管理工作中帮助我解决了很多问题，也让团队更加高效。

我们看李云龙，虽然没有学过兵法，但天然就有战斗力，因为他的作战过程中暗合兵法。

人与人的差距在认知，但有了认知，不代表有结果，因为必须要有行动，而且行动不是浅尝辄止，而是要坚持一段时间。把这些变成习惯，才能有效果。

闫　辉　　　我们的大议题是程序员创富，各位嘉宾分享一下，程序员转向管理者是否是创富的很好路径？

范　凯　我认为创富并不是只有做管理才能实现，不管钻研技术成为首席架构师，还是走管理路线做到 CTO 甚至 CEO，或者做行业专家做咨询，只要成为某个领域的金字塔尖，就具备了稀缺性。现在社会底层供给非常充分，如果你具备的能力很多人也有，就没有稀缺性，也就很难获得高收入。

但如果你在某个领域成为顶尖的人，就可以赚大钱。例如，前段时间我看到一个钓鱼的视频，几个小时钓几百斤鱼，非常火，很赚钱。后来我才知道，他从小就钓鱼，而且参加职业钓鱼比赛，已经在钓鱼领域成为全国顶尖的几个人之一。

所以，程序员想要创富，如果能够做到知名的团队 CTO 或者 Leader，做出了成绩，那就成为大家都要争抢的行业资源。不管去大厂还是自己做咨询，都是很容易创富的。

周秋野　我觉得程序员创富的方式很多，奔着管理者只能是其中之一。这里面还要有运气成分，如公司上市，有股票期权就发达了。

我认为这个富不是财富的富，而是人生阅历。等你到顶尖的时候，机会是来找你的，积累财富的速度越来越快。

所以，我们不要相信程序员 35 岁魔咒，只要思维模式、心态保持得很好，程序员这个职业还是非常有发展前景的。

王学湛　不论做哪一行，都要做到一定位置，否则创不了富。人生有三个阶段，第一个叫独善其身阶段，把自己专业干好；第二个就是带团队阶段，需要带团队做成更好的事情，创造更大的价值；第三个是找社会上没有被满足的需求，整合资源加以满足，并形成可持续发展的模式，这就是创业。

我们需要把每个阶段的事情做好，为下一个阶段做好铺垫。创富不是一个终点，而是一个阶段。

IT
从业者的推荐阅读书单

关键对话 人物

杨 攀　　大规模高并发领域专家，拥有多年大规模即时通信和社交产品研发、设计、运营经验，以及多年开发者服务经验和社区运营经验。原 MSN Mobile China、飞信核心团队成员，前融云联合创始人兼 CTO，TGO 鲲鹏会北京分会荣誉会长。现负责涛思数据开发者关系和开发者生态，致力于连接开发者，拓展 TDengine 生态，普及高性能、分布式、支持 SQL 的时序数据库技术。

王 旭　　蚂蚁集团容器基础设施团队负责人，也是蚂蚁集团开源技术委员会成员。在加入蚂蚁之前，曾是一位开源创业者，并在 2017 年和 Intel 一起发起创立了 Kata Containers 安全容器项目。自 2021 年起，还是木兰开源社区的 TOC 成员。

何 波　　中泰证券股份有限公司金融科技委员会主任兼科技研发部总经理，负责中泰证券金融科技的整体工作，主导开发了业内知名的量化交易平台 XTP，并参与了与交易所、监管部门合作的多个金融科技项目及课题；获得了山东省新旧动能转换金融创新奖，齐鲁金融创新人物称号，是中国计算机学会 (CCF) 云应用分会理事，深交所金融科技发展中心顾问，上证信息上证链治理委员会委员，上证信息创新发展委员会委员，ITL 智能投研技术联盟组织委员会委员。

关键对话 内容

在这个快节奏的 IT 世界中，不断学习新知识和技能是我们每个 IT 人必备的能力。我们希望为大家推荐一些值得一读的书籍，帮助大家更好地掌握当前的行业深度认知和技术发展趋势，提升自己的专业能力。我们邀请了 IT 届三位嘉宾，推荐他们认为的 2022 年读到的优秀的书籍，不仅仅局限于 IT 技术图书，希望能够为大家带来帮助。

闫 辉　　大家好，今天我们的话题是关于 IT 从业者值得推荐的书单。作为程序员，我们在技术方面的学习和成长是必要的，但是除了技术书籍，我们也需要关注其他领域的知识，提升自己的认知。所以今天我们邀请了几位嘉宾，他们都是 IT 从业者，不仅具备技术背景，也有一定的管理经验。我们来分享一下大家最近看的一些值得推荐的书籍。

王 旭　　我来自蚂蚁金服，之前做过开源创业，现在是蚂蚁集团的容器架构师，也负责一些开源方面的工作。我觉得来自外面的思想可以让我们更加开阔眼界，获取创新的想法。因此，我自己给自己定了一个目标，每天看半个小时的书，差不多两年了，看了大概 20 本书。

何 波　　我来自中泰证券，负责我们的金融科技，包括数字化转型，以及机构和零售客户的产品。我们的研发团队有 600 多人，和互联网大厂相比还是有很大的差距。但我们在量化交易方面做了一个比较好的平台，叫 XTP，目前应该是国内做量化交易方面最大的一个平台。

杨 攀 大家好，我现在在涛思数据做开发者关系，之前是融云联合创始人兼 CTO。我最近的标签可以说是一个创业者。关于技术、产品、运营，我都比较感兴趣，职业生涯基本上围绕通信、社交这个领域在做。

闫 辉 CSDN 的创始人蒋涛是一个特别爱读书的人，他每次读到一本很好的书，马上会让公司买一批送给公司员工。最近我在读的一本书就是蒋总推荐的好书，叫作《开发者思维》。我读完之后觉得写得特别好，所以我认为书还是要靠周围的朋友推荐，这是最靠谱的方式。下面请几位嘉宾分享一下，你们最近在看什么书？是如何发现这本书的？

王 旭 我看书比较杂，主要是为了跳出自己现有的圈子。我读的一些书籍主要涉及历史、哲学、社会等方面，最近我看了很多欧洲史，并且也涉及军事、科学、传记等领域。在选择书籍时，我主要考虑书与书之间的关联性。例如，我看完了一本拿破仑的传记，之后我会想为什么法国在海军方面不行，于是我就会去看英国的海军史，这样来回跳。对于这些比较随意的书，我一般都是自己购买。

此外，我的一些出版圈朋友如果出版了一些新的技术书籍，也会送我一本让我看看。

何 波 我平时阅读的书籍大致分为几个方向。首先，因为我是一名 IT 从业者，所以我会阅读一些与编程和架构有关的书籍，如《云原生架构》等。另外，我还会阅读一些关于数字化转型和敏捷产品开发的书籍，因为我们做的是一款产品，所以我需要学习如何打造更好的产品。张小龙和俞军的书也是我推荐的好书。

另外，由于我在证券领域工作，所以我也会阅读一些与证券相关的书籍，以便更好地理解中国政策，如《置身事内：中国政府与经济发展》这本书。

我还会阅读一些与思维训练相关的书籍，因为做出决策需要冷静的头脑和控制情绪。所以我会阅读一些能帮助我自我修炼的书籍。

我获取书籍的途径主要是通过推荐，例如在一些书中推荐的好书，我会回去看一看。微信读书也会定期向我推荐一些书籍，还有樊登读书 App，我也会在路上听他的推荐，如果觉得某本书不错，我就会去阅读。

杨 攀 我打开了今年我写的一篇推荐书单的文章。我特别喜欢阅读理论体系方面的书籍，如"定位"系列。由于这个领域是我专门研究的，我已经形成了自己的思维定式，所以无论面对什么问题，我都会思考定位的问题。另外，我也很喜欢像《底层逻辑：看清这个世界的底牌》这样的书籍，这类书籍很多，我们需要从宏观角度来看待世界。

我还喜欢阅读关于创业的书籍，如"精益创业"系列，这些书籍总结了许多优秀创始人的经验。此外，管理也是一门科学，因此我也阅读了许多公司经验和管理方面的书籍，从泰勒到德鲁克都有很多管理方面的专著。不过，中国还没有商科，这一点有些遗憾。

由于我在做开源方向，我也会阅读一些开源方面的书籍。另外，由于我领导产品技术团队，所以我也阅读了不少产品类书籍。我还研究了许多增长和运营方面的书籍，这方面在国内也越来越受到重视。对于我个人而言，演讲和协作也很重要，因此我经常进行演讲和培训，最近我也形成了一个习惯，即将自己的思考写成文字。

我获取阅读来源的方式有很多，除了前面两位嘉宾分享的书籍，我还会关注朋友圈和公众号里推荐的书籍。我也参加一些阅读群，大家在群里互相推荐书籍，这很有帮助，因为我可以认识许多出版社的朋友，也能拿到最新出版的书籍。

最近，**我发现身边越来越多的朋友开始写书，这是一个非常有趣的趋势。**

闫 辉 大家在不同时期，喜欢看的书有什么不同吗？

王 旭 我从小就是兴趣驱动，喜欢看军事战争的书籍。上大学后，开始看很多技术书。后来有一段时间在创业，看的书比较少。最近我发现，我的阅读越来越发散，看书不一定是为了从书中直接学习到什么，而是和一本书产生共鸣，带来思考。例如，我读英国海军史，发现很多管理学的内容，如何激发创新型团队，和OKR差不多，作者可能也没有想过写这方面。

何 波 我之前主要看技术相关的书籍，包括C++、Java、设计模式、软件工程师等。后来做产品的时候，开始看其他类型的书籍，包括德鲁克和巴纳德。我发现很多大道理还是很简单的，德鲁克的书让我明白底层的原理非常清晰。

最近我在看《认知觉醒：开启自我改变的原动力》，书里面有句话对我触动也很大，就是**阅读之后，最重要的是阅读量带来多少思考量，思考量又能带来多少行动量，行动量最终带来多少改变量。**很多人看完书就忘记了，没有去实践，最终很难带来改变量。所以，我在看完很多书之后，有意识地会关注如何去实践书中的内容，实践之后能够给我带来什么样的改变。

我读的这些书让我们在很多方面做出改变，如OKR、增长黑客、北极星体系，以及在做产品时如何推进工作，如何做决策逻辑等，我觉得这些书籍帮助很大。

杨 攀　　我在小学时期花了两年时间在秦皇岛儿童图书馆看了所有自然科学类的图书，但是没有看过社科类的书籍，导致我青少年时期只对自然科学感兴趣。随着年龄的增长，我开始对历史、哲学等社科类的学科产生了兴趣。

　　　　　工作中我主要阅读技术方面的书籍，因为我很早就开始写程序，初中时就开始了。工作之后，我的导师推荐我学习 PMP 认证，这对我的职业生涯帮助很大，很幸运的是在工作的第一年就建立了自己的知识体系。

　　　　　尽管我是一名程序员，但我对产品开发非常感兴趣，我一边做技术，一边阅读各种产品开发方面的书籍，这使我能够更好地理解产品经理和测试人员的工作，更好地配合他们完成工作。

　　　　　随着时间的推移，我的工作越来越复杂，我开始阅读运营、市场、销售等方面的书籍。我很羡慕王旭老师有时间看历史书籍，我也很想看，但现在的阅读主要出于工作或业务需要。今天我决定要调整一下自己阅读书籍的比例。我认为各种管理者，包括企业家，都应该抽出时间阅读一些经典著作，这对于我们的成长和工作都有很大的帮助。

闫 辉　　接下来，我们还是给观众推荐一些各种领域的书，先谈谈非 IT 领域的书籍。

王 旭　　我很喜欢看非 IT 的书，**我认为看书不仅是为了眼前所需，更是一种重要但不紧急的事情。**每天我都会留出半小时的时间来看书。近年来，我读了两本关于西方哲学史的书，其中一本是威尔·杜兰特的《哲学的故事》。这本书以几位哲学家的故事为起点，讲述了西方思想的演变历程，其中讲述每个人的细节都非常详细。我觉得其中最引人入胜的是关于伏尔泰的部分，书中描述了启蒙思想家在法国大革命前的活动，内容非常有意思。

除此之外，我还推荐一本与法国大革命有关的书籍——《旧制度与大革命》。许多中国革命先烈和革命先驱早年都曾有过在法国勤工俭学的经历。这本书的语言非常华丽，给人以强烈的力量感。

如果你对历史和军事感兴趣，我还推荐一本《深蓝帝国》。这本书讲述了英国海军的兴衰历程。在阅读这本书时，我发现其中讲述的纳尔逊的故事很像 MBA 的案例，他非常注重日常训练管理，而不是强调海战。在他击败拿破仑的海战期间，他仅发了九条命令，而实际指挥工作都由各个军舰的舰长负责。他平时已经把所有意外情况的管理都放在日常训练中，建立了非常强的信任关系。这也是他成功的秘诀：首先是日常管理，其次是激发团队热情，最后是在战场上大胆放权。

何 波　去年我看了 38 本书，其中有几本我觉得特别好，我想分享一下我的感受。

《高效能团队》这本书讲述了团队结构如何构成、每一种结构团队之间如何协作、如何更好地管理。作者认为，团队出了问题并不是因为缺乏沟通，因为沟通有成本，沟通可能带来消耗。所以他建议把组织按照四种模式，如有人做复杂子系统，有人做赋能团队，有人做流动团队，有人做平台。这些团队之间的关系，他讲得非常清楚。

另外一本我觉得非常棒的书是《组织的逻辑》，它认为任何组织，不管宗教、国家，小到两三个人的团队都有三个要素，不可或缺。这三个要素是共同的目标、合作的意愿和信息的交流。我发现很多团队协作上出的问题都是在共同目标上。后来我在工作中如果发现很难协同，我一定会思考大家有没有共同的目标。

还有一本书叫《救猫咪》，讲的是如何拍电影、拍电影的几个大类模式。然后引申出一本书《你的顾客需要一个好故事》，特别适合产品经理。我作为甲方，经常听到乙方过来介绍他的产品，在看完这本书之后，就知道他有没有把价值讲清楚。真正好的产品，一定要把顾客当主人公，他遇到挫折，然后遇到一个向导，给他指引，最后战胜了困难，得到了人生的成长。要想成为顾客的向导，首先要足够共情，其次要有好的故事。

《第一性原理》这本书讲述了如何运用第一性原理来进行逻辑思考。它认为很多时候我们经常用归纳法，但归纳法经常出错，因为假设的条件经常会有变化。这本书让我重新审视我自己的思考方式，学会从基本原理出发进行分析和推理。

《原则》《通往奴役之路》这两本书都强调了原则的重要性。有了原则，我们才能快速做出决策，避免个性化的决策和浪费时间。同时，遵循抽象规则的时候，我们是自由的；而遵循某个人或某个部门的规则时，我们就是被奴役的。这些书让我更加注重制定和遵守原则。

杨 攀　　我最近读了几本印象深刻的书，分享一下我的阅读体验。其中一本书是《跨越鸿沟》，这是一本经典的管理类书籍，提供了许多关于团队和组织管理的实用理念和方法。我认为这本书对于职场人士来说非常值得一读。

另外一本书是清华大学彭凯平老师的《积极心理学》，它从正面的角度探讨人类行为和心理，并提供了一系列实用的方法和工具，帮助人们更好地应对挑战和压力，提高生活质量。这本书的观点和方法也得到了越来越多的科学证实，是一本非常值得推荐的书籍。

我最近在看的另一本书是《文艺呆与科技宅》，它探讨了艺术和科技两种不同的思维方式和文化背景对于未来世界的影响。虽然这本书并没有给出明确的结论，但是它对我启发很大，让我开始思考未来世界属于哪种类型的人，是科技工科背景的人最具核心竞争力，还是有艺术文化背景的人。这个话题确实非常值得关注，因为在当今快速变化的时代，不同的思维方式和文化背景对于个人和组织的发展都有着重要的影响。

闫辉　有些读者在评论，这些书都是职位高的人在读的书，或者还有人说这些都没有用，需要薪水给到位。我想问，是我们先掌握这个知识才能得到高薪，还是得到高薪之后能力不足了再补充不同的知识呢？

王旭　我刚才也在看评论，确实也在想，是不是我们在聊很多没用的东西。但是如果我们在讨论 C++，可能做 Java 的人觉得没有用，如果我们在聊前端，做后端的人可能觉得没有用。其实，我觉得写代码这件事情对书的依赖是非常少的。很多时候读书之后，直接应用在工作中，并不一定直接带来好处。例如，看过《设计模式》这本书之后，你就会想把各种模式用在系统中，反而不一定是一件好事情。

如果把看书当作一个更长时间的积累，会发现没有立竿见影的正面效果，也没有负面效果。我觉得是重要但不紧急的事情，或许从中能获得更高层次的收获。现在社会上一方面想要速成的资料，另外一方面又在发愁 35 岁之后怎么办。我觉得这两件事情都需要，一方面确实需要解决眼前的问题，但同时又能通过读书提高自己看待问题的思路和方法。

何波　叔本华在《人生的智慧》中说了一句话，就是最后的幸福是你自己在独处的时候，能不能快乐。

我昨天在看一本新出的心理学图书《5% 的改变》，里面提到**很多人认为自律就是做让自己痛苦的事情，但并不是这样，你一定要和自己和解，不要把压力搞得很大。你可以尝试每天用 5% 的时间做小小的改变就行。**

　　　　　　读书第一要读你自己喜欢的书，读完身心愉悦，工作中遇到问题时，可以读相关的书籍。能不能成功，其实很多时候都是有运气的成分，所以要抱着随缘的心态按照你的喜爱持续读喜欢的书，得到一些能力的提升，在某个机缘巧合之下，可能突然和你的工作或者未来的财富积累产生关系。

杨　攀　　这种问题都没有一个正确答案。但它应该引发我们的思考，或者思辨。机会是留给有准备的人，但不要完全带功利性。

闫　辉　　接下来给大家推荐一些IT方面的书籍吧。

王　旭　　我最近读了几本非常有意思和有价值的书籍，想分享一下我的阅读体验。

　　　　　　第一本书是由华东师范大学的王伟老师实验室翻译的一本关于开源的书籍。这个主题现在非常热门，特别是在软件开发领域。我认为这本书可能会对开源开发者和对开源感兴趣的人很有启发。

　　　　　　第二本书是关于系统稳定性和测试的《混沌工程》。它讲述了如何通过实践方法来保证系统中任何一个位置出问题都可以被系统平稳渡过去。作为一名软件开发者和系统管理员，我深刻认识到系统稳定性是系统可靠性的基础，因此这本书对我来说非常重要。

　　　　　　第三本书是《活文档：与代码共同演进》。它强调了文档的重要性，文档本身也是产品的一部分，需要和代码、测试、整个项目结合在一起，才能真正发挥作用。我认为这本书的观点非常实用，值得所有从事软件开发的人员关注。

　　　　　　总之，这几本书都非常值得一读，我希望更多的人能够了解、学习和分享这些有价值的知识。

何　波　　我最近读了一些与IT相关的书籍，它们都对我产生了很大的启发。其中，精益敏捷是一种流程和方法论，强调快速迭代和持续交付。我认为这对于软件开发非常重要。

另外，我推荐几本书籍。

《代码的艺术：用工程思维驱动软件开发》是张淼教授写的一本关于度量软件的书籍，它提出了四个软件属性：不可替代、复杂度、让编码实现更简单和通过架构设计降低复杂度。这些观点对于设计软件架构非常有帮助。

《未来架构：从服务化到云原生》则讲述了从单体架构到云原生的架构变迁史，通过抽离业务复杂度和技术复杂度来实现架构升级。这对于理解软件变革的脉络非常有帮助，也可以为企业的架构升级提供指导。

《黑客与画家》则探讨了技术创新和艺术创新之间的联系，并提出了一些有趣的观点。这本书可以帮助我们更好地理解技术和创新之间的关系。

最后，我推荐一本关于 Rust 语言的书籍——《Rust 编程指南》。Rust 语言在性能、安全性等方面有很多优点，尤其适合对性能要求高、少风险、少崩溃、少出安全性问题的场景。这本书可以帮助我们更好地学习和应用 Rust 语言。

杨 攀 我回忆了一下我在技术领域的阅读经验，发现官方文档是最好的学习来源，因为很多开发者的问题都可以在官方文档中找到答案。不过，我认为中国的开发者还有很大的提升空间，尤其是在计算机基础知识方面。因此，我推荐两本书来帮助提高基础知识。

第一本书是《卓有成效的工程师》，这本书教我们如何提高自己的工作效率和杠杆，以及如何持续地改进工作方式。它包括了工程师自我提升的方法，以及在技术团队中培养关注长期价值的实践和方法论。

第二本书是《深入理解计算机系统》，也被称为《CSAPP》，它深入讲解了计算机系统的底层原理，对于提升计算机基础知识非常有帮助。大多数程序员已经不清楚计算机底层如何运行的原理，因此如果想成为一名优秀的程序员，最基本的知识还需要好好学习。

闫　辉　　最后请几位嘉宾总结一下。

王　旭　　很多程序员，大家九九六工作，没有时间看书。所以我建议一定要留出时间做这件重要但不紧急的事情，读书会给你思想的开放性方面带来很好的输入，有助于提高绩效的下限。

何　波　　查理·芒格告诉我们，**很多事情做决策的时候，只靠一个方法论是很难解决问题的，你需要很多方法论，而广泛的阅读能让你获得更多方法论**。读书要让你能感到快乐，再通过实践，获得正向的反馈，得到更大的成就感。

杨　攀　　我觉得首先要坚信习惯是可以改变的，尝试迈出一步，读完书想办法给自己一个正向的反馈，如写一写，和别人交流一下。这样一个习惯就养成了，然后坚持下去。